Aprenda los hábitos de las personas altamente efectivas y el estoicismo para los emprendedores

Aprenda la acumulación de hábitos para el éxito y un cerebro feliz. Impulse la autodisciplina con el poder de la filosofía estoica en la vida moderna.

Por Marcos Romero

"Aprenda los hábitos de las personas altamente efectivas y el estoicismo para los emprendedores: aprenda el apilamiento de hábitos para el éxito y un cerebro feliz. Impulse la autodisciplina con el poder de la filosofía estoica en la vida moderna ". Por Marcos Romero

Aprenda los hábitos de las personas altamente efectivas y el estoicismo para los emprendedores es un conjunto de libros "Aprenda los Hábitos de las Personas Altamente Efectivas y Cómo Aumentar la Autodisciplina" Y "Secretos del Estoicismo"

¡Espero que lo disfrutes!

Aprenda los Hábitos de las Personas Altamente Efectivas y Cómo Aumentar la Autodisciplina

¡Impulse su Desarrollo Personal Mediante la Acumulación de Hábitos, Deje de Postergar, Sea Más disciplinado y Mejore su Enfoque Hoy!

Por Marcos Romero

Índice

Índice
Introducción
Capítulo 1 – Hábitos

    La Importancia de los Hábitos
    Hábitos de la Piedra Angular
    Comprensión de los Hábitos de las Personas
    Hábitos en el Mundo Académico
    Hábitos Autoritarios
    Aplicaciones con los Pies en la Tierra
    Cómo Funcionan los Hábitos
    ¿Cómo Funcionan los Hábitos?
    Qué Gusto. (La Recompensa).
    Mejorar los Hábitos
    Útil para Negocios
    Perturbación de los Hábitos
    Identifique los Buenos Hábitos
    Pasos Básicos para Desarrollar Buenos Hábitos

1. Utilice la Percepción y las Afirmaciones.
2. Decídase por la Elección, y Luego la Responsabilidad de Cambiar.
3. Inscríbase con el Apoyo de Familiares y Compañeros.
4. Identifique el Hábito.
5. Encuentre Enfoques Sólidos para Retribuirse.
6. Diseñe un Arreglo.
7. Encuentre sus Detonantes y Disuasorios.

    Identifique los Malos Hábitos
    Identifique los Detonantes
    Construya un Arreglo de Sustitución
    Controle los Detonantes
    Cambie el Hábito Más Grande
    Obtener Soportes
    Apoyese y Premiese a sí Mismo

Use Indicaciones
Sea Tenaz y Tolerante
Considere la Posibilidad de Obtener Asistencia Competente

Capítulo 2 - Hábitos de Personas Altamente Efectivas

Potenciar a las Personas
Ayúdelos a Revelar su Zona de Genialidad.
Dele a su Grupo la libertad para que Hagan todo por su Cuenta.
Sea un Proveedor.
Acercarles Cuál es su Visión para su Vocación o Empleo.
Previsión y Enfoque
Construya Relaciones Fuertes
Fe y Compromiso
Amor y Romance
Analize su Nivel de Pasión

¿Cuál es la Cantidad de Sexo que Tiene?
El Matrimonio sin Sexo
Una Receta para una Mejor Vida Sexual
Busque Dos Pedazos de Papel y Dos Bolígrafos.
Permanecer Fiel

Asegure su Relación

Capítulo 3 - Acumulación de Hábitos

¿Qué es el Acumulación de Hábitos?
Cómo Aplicar el Acumulación de Hábitos a su Vida

Desarrolle el Hábito de Seguir la Rutina

Caso de una Rutina de Acumulación de Hábitos Productiva
Gestión de Inconvenientes y Desafíos Durante el Acumulación de Hábitos
Beneficios del Acumulación de Hábitos
¿Qué es el Acumulación de Hábitos?

Cómo Funciona el Acumulación de Hábitos

Su Acumulación de Hábitos en Efecto
Consejos para el Éxito en el Acumulación de Hábitos
Enfoque para Apilar Hábitos en la Mañana

Capítulo 4 – Autodisciplina

¿Qué es la Autodisciplina?
Una Explicación sobre la Autodisciplina
Los Motivos de la Falta de Autodisciplina
¿Qué es el Auto-control?
Beneficios de la Autodisciplina

Beneficios e Importancia del Auto-control

Cómo la Autodisciplina Puede Mejorar su Vida

¿Qué es el Auto-control?
El Método Más Efectivo para Desarrollar la Autodisciplina
Los Beneficios

Fundamentos de la Autodisciplina

Compromiso

Optimización
Punto de Ruptura en el Consumo de Fuentes con Cafeína
Aspire su Camino para Convertirse en un Superhumano
Reflexione Sobre su Camino Hacia la Auto-optimización
Las Emociones
Continúe Practicando sus Habilidades de Regulación Emocional

Ejercicios para Mejorar su Autodisciplina

1. Duchese Cada Mañana
2. Reflexione Durante 10 Minutos cada Día
3. Comience su Día con 100 Flexiones o una carrera de 1 milla
4. Prepare su Cama
5. Prescinda de las Distracciones

6. Deje de Quejarse

Autocontrol y Fuerza de Voluntad - Su Fuerza Interior
Desarrollar Fuerza de Voluntad y Autodisciplina

Conclusión
Tabla de Contenido
Introducción
Capítulo 1: Historia del Estoicismo
Capítulo 2: Antecedentes del Estoicismo
Capítulo 3: Los Primeros Dos Topoi

Lógica
Física

Capítulo 4: El Tercer Topoi (Ética)
Capítulo 5: La Apatheia y el Tratamiento Estoico de las Emociones
Capítulo 6: El Estoicismo Después de la Era Helenística
Capítulo 7: El Estoicismo Contemporáneo
Capítulo 8: Ejercicios Espirituales Estoicos
Capítulo 9: El Estoicismo es Ideal para el Mundo Real
Capítulo 10: Controle sus Emociones para Encontrar la Paz Interior
Capítulo 11: Maneras de Manejar la Ira Usando el Estoicismo
Capítulo 12: Entender Cómo y Por Qué Surge la Ira
Capítulo 13: Filosofía Estoica e Ira
Capítulo 14: El Estoicismo Revela Rituales que le Harán Sentir Seguro
Capítulo 15: Filosofía Estoica y Sabiduría Antigua en el Mundo Moderno
Capítulo 16: Las Cuatro Virtudes Cardinales
Capítulo 17: Incorporación de la Filosofía Estoica en la Vida Cotidiana

Cómo Practicar el Estoicismo

Capítulo 18: Creciendo Estoico (Educación Filosófica para el Carácter, la Persistencia y el Valor)
Conclusión

Introducción

Felicitaciones por la compra de *Aprenda los Hábitos de las Personas Altamente Efectivas y Cómo Aumentar la Autodisciplina* y gracias por hacerlo.

Los siguientes capítulos tratarán sobre los hábitos de las personas altamente exitosas y cómo puede adaptarlos para tener éxito usted mismo.

Hay muchos libros sobre este tema en el mercado, ¡gracias de nuevo por elegir este! Se ha hecho todo lo posible para asegurar que esté lleno de tanta información útil como sea posible, ¡por favor disfrútelo!

Capítulo 1 - Hábitos

La Importancia de los Hábitos

Los hábitos son la base de su prosperidad, o posiblemente de su ruina. Sin embargo, a pesar de la importancia de los hábitos, pocos individuos piensan en cómo funcionan.

Los hábitos son regularmente considerados como cosas malas, como tener un hábito de apuestas. Sin embargo, puede haber grandes hábitos, por ejemplo, practicar rutinariamente, hacer comentarios comprensibles, considerar temas de investigación y cumplir con los plazos algún tiempo antes de las fechas de finalización.

Un hábito es algo que hacemos normalmente sin considerarlo intencionadamente. Es una acción mental y de comportamiento programado. Los hábitos hacen que sea factible para nosotros hacer las cosas sin gastar demasiado esfuerzo mental. Hacen concebible una acción diaria regular, por razones positivas o negativas.

Numerosas personas intentan salir de los patrones de comportamiento negativos. Abstenerse de la ingesta excesiva de alimentos es el modelo más sobresaliente: es un esfuerzo para poner fin al hábito de comer en exceso o a las dietas inapropiadas. Numerosos fumadores y bebedores empedernidos podrían querer salir de sus hábitos, y hay mucha gente que podría querer apoyarlos.

En ese momento hay hábitos que bloquean sus propios logros personales. Los hábitos mentales también son importantes. Por ejemplo, concentrarse en las reflexiones agravantes es un hábito que puede provocar un nerviosismo constante.

En las últimas décadas, los especialistas se han vuelto progresivamente conscientes de la importancia de los hábitos, y hay un grupo de descubrimiento en desarrollo, bastante dispuesto para promover: las organizaciones podrían querer fortalecer o cambiar sus hábitos de compra.

Hábitos de la Piedra Angular

Para aquellos que buscan resultados de alto rendimiento, el trabajo diario es el hábito fundamental. Trabajar con un plan cada día anima la imaginación, centra los pensamientos sobre lo que debe ser examinado, fomenta la organización de la investigación, y mucho más. Hay esta

Comprensión de los Hábitos de las Personas

Al darse cuenta de que algunos hábitos son perjudiciales, los científicos han buscado la manera de evolucionar los hábitos. Lo que han encontrado es que los hábitos básicos nunca desaparecen. Si ha fumado, el deseo de fumar no puede ser completamente eliminado. Sin embargo, Lo que puede ocurrir es un cambio en el horario o el comportamiento diario. En el momento en que la señal común ocurre, se logra algo más, por ejemplo, morder un chicle.

AA (Alcohólicos Anónimos) ofrece una práctica diaria optativa. Los borrachos, en lugar de ir a un bar, van a una reunión de AA. Esto proporciona una rutina de sustitución, cumpliendo en consecuencia el anhelo. Sea como fuere, AA incluye un componente clave más en el procedimiento: la condena. Para cambiar los hábitos, las personas deben confiar en que es concebible. Los expertos de AA son incrédulos sobre la convocatoria profunda comprometida con las 12 etapas, pero la convicción es importante para la prosperidad de AA. Además, estar en una reunión de devotos simplifica la convicción.

Desarrollar otro hábito dependiente de breves momentos del día a día, y hacer el trabajo antes de estar preparado y cuando no se está impulsado, entra en conflicto con las convicciones profundamente situadas sobre cómo ser un científico eficaz. La investigación demuestra que el programa funciona, sin embargo, la información del examen puede no ser suficiente para conquistar los hábitat excavados. Una parte de los puntos clave para utilizar el programa es creer que funcionará – y por lo tanto hacer un esfuerzo para no replantear el procedimiento – y acudir a las reuniones para fortalecer la convicción. Para que un hábito sea cambiado, los individuos deben aceptar que el cambio es concebible. Además, regularmente esa convicción se elevará con la ayuda de una reunión.

Esto equivale a que un joven músico o un nadador juvenil ingrese a un programa de preparación. Debe aceptar que las actividades normales y la preparación se están poniendo manos a la obra, y confiar en el instructor o mentor. Más tarde, cuando los hábitos estén arraigados, un artista talentoso puede modificar la preparación.

Hábitos en el Mundo Académico

En las clases que instruimos, solo aquí y allá hablamos de hábitos. La concentración en muchas clases es la sustancia y las habilidades, y tal vez las mentalidades. Sea como fuere, imagine un escenario en el que los hábitos sean cada vez más significativos. Piense en lo que se requiere para convertirse en un músico notable. La investigación sobre la ejecución maestra demuestra que la clave es la "práctica consciente". Este es un tipo de trabajo para incluir un enfoque extraordinario en el recado mientras se esfuerza constantemente por mejorar, bajo la dirección de un instructor talentoso. A la larga, los hábitos de ensayar el violín tendrán más efecto que las cosas específicas aprendidas en cualquier ejercicio. Se espera que una gran cantidad de largos períodos de entrenamiento lo conviertan en un artista de clase mundial. Crear un hábito para la práctica diaria con un propósito es lo más significativo que se debe educar para el objetivo de la ejecución magistral.

Está rogando que se demuestre lo contrario, precisamente, qué hábitos son más beneficiosos para los suplentes de expresiones comunes. Tal vez sea componer, hablar, razonamiento básico o construir una personalidad inquisitiva. Eslija el objetivo que quiera – en base a que la mayoría de las clases hacen casi nada para cultivar un hábito progresivo. La mayoría de los estudiantes aprenden lo que necesitan: no desarrollan un hábito de aprendizaje. La mayoría de los estudiantes reducen las tareas justo cuando se acercan las fechas de la evaluación: no desarrollan buenos hábitos de investigación. La mayoría de los estudiantes hacen lo que es importante para lograr sus metas ideales: no descubren cómo estirarse lo más posible.

Este tipo de aprendizaje no le haría mucho bien a un músico. Significaría ensayar solo en partes designadas, ensayar apenas antes de una presentación y no tratar de manejar la mayoría de las piezas de prueba. Los hábitos típicos de aprendizaje y estudio de la mayoría de los estudiantes de las expresiones no son la razón para convertirse en un gran artista. Las aptitudes de adquisición en el aprendizaje y la práctica continua y decidida son, a largo plazo, inequívocamente más significativas que el contenido de aprendizaje, la conposición de documentos o la aprobación de exámenes.

El equivalente se aplica a aquellos de nosotros requeridos como educadores y especialistas. Invertimos indudablemente más energía instruyendo e indagando según los hábitos que obtuvimos años o décadas atrás que refinando o cambiando métodos inútiles para trabajar. Esto se parece a un mecanógrafo que persevera en un método de dos dedos establecido desde hace mucho tiempo, pero derrochador, en lugar de aprender otro.

El sistema de composición de alto rendimiento se trabaja para cambiar el hábito normal de la composición de exceso. Este hábito incluye posponer la composición hasta que haya un cuadrado de tiempo importante o una fecha de finalización próxima y luego pasar unas angustiosas largas horas en un recado hasta que finalice. La idea es suplantar el hábito de atiborrarse por uno diferente, componiendo de una forma breve cada día. La investigación demuestra que las sesiones normales de composición breves son inconfundiblemente progresivas - y que tiende a ser sorprendentemente difícil cambiar al nuevo hábito.

Las universidades asi como asociaciones se basan en ejemplos de comportamiento de recolección y metodología formal que pueden analizarse como hábitos. Es concebible cambiar los hábitos jerárquicos; sin embargo, esto está muy lejos de ser simple. Los premios potenciales son colosales.

Una aptitud que sería extremadamente significativa para las personas y las reuniones es tener la opción de analizar hábitos, elegir nuevos y atractivos y continuar cambiando a los nuevos.

Hábitos Autoritarios

A raíz de tratar los hábitos de las personas, vamos a las asociaciones. Existe un registro intrigante de cómo la cadena de tiendas Target acumula datos sobre los clientes para imaginar lo que probablemente van a necesitar comprar, y luego promocionarlo apropiadamente directamente a cada persona. Si su información anticipa que una cliente está esperando a su primer hijo, Target puede enviar promociones apropiadas para cada fase del embarazo. Sin embargo, algunas futuras madres son insultadas por una organización que conoce realidades claramente privadas sobre sus vidas, por lo que Target implanta con entusiasmo los anuncios significativos individuales entre otros aparentemente irregulares, de modo que el lanzamiento es por lo general individualizado. Sin embargo, cada unidad familiar en una carretera puede obtener diferentes promociones.

Sorprendentemente, la alta administración de Target estaba inquieta por descubrir los métodos de la organización. Esta información se obtiene de los trabajadores e incorporan, en sus notas, la reacción convencional de la organización.

Con respecto a la publicidad, las universidades son muy sensibles en comparación con Target y diferentes organizaciones que utilizan estrategias comparables. Imagine un avance universitario transmitido a través de una vida en línea que se ajuste discretamente a medida para los atributos estadísticos y las condiciones individuales de cada estudiante potencial. Eso, para el cerebro, no es un objetivo atractivo. Más en lo que respecta a los objetivos convencionales de las universidades serían la instrucción, la supervisión y el apoyo complementario versátil para estudiantes individuales. Algunas universidades dinámicas de EE. UU. Hacen esto, y cada estudiante prepara un contrato de aprendizaje con un consultor académico. Las universidades australianas están terriblemente burocratizadas para que algo como esto sea práctico.

Aplicaciones con los Pies en la Tierra

Numerosos lectores se preguntarán: "Entonces, ¿cómo cambiaría mis patrones de comportamiento negativo? ¿Cómo dejaría de atiborrarme y comenzaría a hacer ejercicio? ¿Cómo dejaría de atiborrarme y comenzaría a lidiar con mis significativas extensions a largo plazo?" El problema es que no hay un acuerdo de encantamiento. Obviamente no - de lo contrario todos lo pensaríamos desde ahora.

Tiene que hacer un examen práctico para descubrir cuáles son los signos de sus hábitos y qué actividades puede realizar para suplantar su comportamiento estándar. Supongamos que echa un vistazo a su correo electrónico antes que cualquier otra cosa y revisa las noticias de todo el mundo, lo cual termina retrasándolo dos o tres horas y descarrilando su libro. De hecho, ha retrasado la toma del libro desde hace un año. Debe analizar para encontrar el signo de su hábito de revisar el correo electrónico y probar con ejercicios de sustitución.

No es tan simple como parece. Cambiar los hábitos debería ser posible, sin embargo, es difícil, los fanáticos por la comida sana y los fumadores se lo harán saber.

Cómo Funcionan los Hábitos

¿Logró Realizar las metas de año nuevo este año? O, de nuevo, más significativamente, ¿descubrió cómo seguir con ellas? Posiblemente eligió comenzar a correr o comer mas. Algún tipo de cambio de estilo de vida moderadamente "menor".

Puede haber parecido ser muy directo en el papel. Algo que pensó que estaba dentro de su brújula. Además, es útil para su bienestar. ¿Lo más probable es que sea suficiente inspiración?

Sea como fuere, el problema es que no se trata solo de inspiración. Se trata de hábitos. Además, ese es un juego completamente diferente. Un hardware neuronal completamente diferente en el que necesitará entrar. Rehacer.

Además, este hardware de hábito neuronal que necesita modificar, situado en una parte de su cerebro llamada ganglios basales - está cableado para la automaticidad. Es su circuito piloto programado. El que se aproxima a su día a día sin que usted espere considerarlo. Algo que es extraordinariamente útil por un lado, ya que abre su tiempo de intuición para otras contemplaciones cada vez más importantes del día. En cualquier caso, inconcebiblemente decepcionante, una vez más debido a que hace que estos hábitos sean extremadamente difíciles de cambiar.

¿Cómo Funcionan los Hábitos?

Los investigadores han identificado un "ciclo de hábitos" que aclara cómo funcionan los hábitos. Hay tres componentes en el ciclo - Su mente ve una señal, posiblemente algo en su entorno, y esto desencadena una práctica diaria específica. Una actividad o comportamiento que hace. Participar en esta situación normal le brinda una experiencia placentera. Una recompensa para su cerebro.

Por ejemplo, quizás su curso matutino al trabajo lo lleve más allá de un bistró específico (el cartel).

Cada vez que ve el bistró, compra un espresso y una galleta (deliciosa aunque indeseable) (el horario diario programado).

Qué Gusto. (La Recompensa).

Repita a lo largo de los días, las próximas semanas y hola presto ya tiene un hábito. Un hábito que posiblemente sea difícil de romper. Una necesidad de galletas y espresso que comienza en el momento en que prevee su viaje al trabajo.

Además, son sus ganglios basales los que se dedican a conectar sus actividades con estos premios después de un tiempo. Asume el control de diferentes piezas de su cerebro que se asociaron con el procedimiento de liderazgo básico subyacente para proceder a comprar ese primer espresso y galleta.

Además, cuando se entrega a los ganglios basales, ese es el punto en el que ha dejado de convertirse en un tipo de actividad "simplemente por esta vez" y, más bien, está haciendo un curso para convertirse en un hábito en toda regla. Programado. Instalado en su cableado neuronal. Además, sucede sin una conferencia adecuada con diferentes áreas de su cerebro, por ejemplo, su corteza prefrontal, en cuanto a si esta es realmente la mejor estrategia.

Y esto hace que los hábitos sean difíciles de romper.

Mejorar los Hábitos

En cualquier caso, un truco con el intento de salir de un hábito desafortunado es en realidad no intentar dejar de hacerlo. Es para actualizarlo.

Si simplemente lo detiene, en ese momento está evitando que la mente obtenga la recompensa que necesita. Además, eso hace que los anhelos sean difíciles de ignorar. Haciéndole retroceder.

Mejorar el hábito es una metodología discreta. Menos sin ningún período de descanso. Pasos más graduales.

Tomemos el caso anterior de arrebatar un expreso y una galleta (desafortunada) mientras va de camino al trabajo. Podría mejorar la puntualidad tomando un curso diferente al trabajo. Realice la práctica diaria tomando un poco de espresso antes de comenzar a trabajar, o cuando tenga la oportunidad de trabajar para no tomar uno (y la galleta correspondiente) mientras va de camino al trabajo. Cambie la recompensa, de modo que incorpore algo delicioso (aunque más ventajoso) para el desayuno de su área de trabajo para compensar la ausencia de la galleta en la mañana.

Su cuerpo y mente todavía están obteniendo lo que necesitan, sin embargo, de una manera que sea mejor para usted. Cumpla con las metas de Año Nuevo que todavía se mantienen. Lo que es más, ni siquiera necesitaba dejar de fingir nada.

Obviamente, algunos hábitos son más fáciles de romper que otros. Y lo que es más, cuando incluyen reacciones fisiológicas que se acercan al hábito (licor, nicotina, azúcar, cafeína), es probable que vaya a dar un paseo extremo. Manejar los efectos secundarios relacionados con la abstinencia. Ciertamente no es un cambio que pueda ocurrir de manera incidental.

Además, no existe una receta sobre hasta qué punto las personas necesitan cambiar un hábito. Algunos especialistas afirman que lleva 66 días dar forma a otro hábito. En cualquier caso, está cerca de casa. Además, se basa en el hábito que está intentando cambiar. Así que tómese el tiempo que necesite.

En cualquier caso, eso es suficiente sobre los hábitos cercanos al hogar. ¿No debería decirse algo sobre los hábitos de los compradores?

Útil para Negocios

A fin de cuentas, los hábitos hacen que los compradores no se sorprendan. Son conductores increíbles del comportamiento de repetición. Además, suceden a lo largo el día, de manera constante. No es exactamente una lectura minuciosa. Sea como fuere, lo mejor que se puede hacer es lo siguiente: la lectura del comportamiento.

Los hábitos significan que puede trabajar en los ejemplos de comportamiento de las personas. Prevea cómo actuarán más adelante. Además, planifique sus cosas de la misma manera.

Ajústelos al lugar, la hora y la mentalidad del cliente con el que intenta hablar. Ampliando la probabilidad de que se bloqueen. Compren. Regístrense.

Perturbación de los Hábitos

Sin embargo, si usted necesita lanzar otro artículo al mercado que pueda esperar que cambien un hábito en los clientes, también debe pensarlo con cautela.

Tomemos el caso de la presentación continua de lociones para la ducha, donde hay que saturarse en la ducha, en lugar de después de ella. Verdaderamente, es otro artículo que requiere un habitante diferente, sin embargo, también encaja con un hábito actual (ducharse) por lo que la forma y la rutina están en forma desde ahora. Además, la recompensa es posiblemente más digna de mención si se ahorra tiempo y esfuerzo.

Posteriormente, es un cambio de hábito generalmente simple para presentar. Problemático. Sin embargo, no es muy complicado.

Sin embargo, tenga cuidado. Independientemente de si descubre cómo hacer que las personas formen otro hábito, debe recordar que el anterior no se erradica. Todavía se está escabullendo de la vista. Confiando en que ese instante de deficiencia levantará su repugnante cabeza.

Otro envío de un contendiente que atrae a sus compradores.

O, por otro lado, un nuevo y delicioso sabor de galleta para probar.

Identifique los Buenos Hábitos

Nosotros, las personas, somos animales de hábitos, en este sentido, cultivar grandes hábitos debería ser básico - ¡verdad! Considerando todo, no generalmente. El problema es que nos sentimos verdaderamente felices de hacer las cosas de manera similar todos los días. Frecuentemente nos adherimos distraídamente a un horario diario sin pensar en el resultado o la viabilidad del mismo. ¿Por qué cambiar?

Trágicamente, la mayoría de nuestros hábitos no son sólidos o favorables. Si tenemos el hábito de regresar a casa después del trabajo todos los días y de tomar una bebida mixta para relajarnos en lugar de trotar en la cinta de correr para liberar presión, esto influirá de manera antagónica en nuestro bienestar.

O, de nuevo, si, mientras miramos la televisión por la noche, en general mordisqueamos papas fritas y bebemos refrescos en lugar de masticar verduras y probar zumos de productos orgánicos, finalmente conducirá al resultado de debilidad.

Si tenemos la costumbre de fumar para calmar la presión / inquietud, o comer en exceso, o eliminar nuestra insatisfacción con los demás, debemos percibirlos como hábitos que vale la pena cambiar o eliminar. Así que ¿por dónde empezamos?

Pasos Básicos para Desarrollar Buenos Hábitos

1. Utilice la Percepción y las Afirmaciones.

   La representación y las insistencias son increíbles para coordinar el nuevo hábito en su práctica diaria. Si bien la representación es un instrumento inspirador, energizante e innovador, las certificaciones programan lo subliminal con la perspectiva correcta para desarrollar otro hábito. Juntos, le permiten sentir y visualizarse completando los comportamientos correctos, haciendo más simple el recibir el nuevo hábito. Sin duda, el crecimiento de grandes hábitos es más simple cuando se utiliza la percepción y las confirmaciones.

2. Decídase por la Elección, y Luego la Responsabilidad de Cambiar.

   Obviamente, esto es más difícil de lo que uno podría esperar. Con qué frecuencia nos hemos dicho a nosotros mismos: "De hecho, debería practicar más y comer mejor. Para no estresarme, lo haré en algún momento u otro".

   Lamentablemente, el estancamiento solo hace que sea más difícil cambiar un patrón de comportamiento negativo. Cuanto más se posponga hacer un movimiento, particularmente en lo que respecta al bienestar, menos saludable será usted o la circunstancia. Una responsabilidad consciente es importante a la luz del hecho de que eso es lo que hace que las ruedas del movimiento se muevan en la vida real.

3. Inscríbase con el Apoyo de Familiares y Compañeros.

   Dígale a las personas lo que está tratando de lograr. En este sentido, comprenderán si es necesario dejar atrás el desierto o dar un paseo en lugar de detenerse en el bar de camino a casa. En el momento en que sus compañeros se den cuenta de que no está bromeando acerca de cambiar un desafortunado hábito por uno decente, no solo le ayudarán a alejarse de las atracciones, sino que le darán un grito y le brindarán una buena ayuda. ¡En general, necesitamos apoyo para lograr nuestros objetivos!

4. Identifique el Hábito.

Como se ha mencionado, la mayoría de las veces, nunca más volvemos a ser conscientes de nuestros hábitos, positivos o negativos, por lo que lo principal que tenemos que hacer es ser conscientes. Si ese hábito se ha ido deteriorando, o si nos quedamos sin aliento al subir un par de escaleras, en definitiva, un patrón de comportamiento negativo (fumar, estilo de vida inmóvil) o la ausencia de un hábito decente (hacer ejercicio) es la causa. Quizás nuestros fondos estén en desorden, lo que implica que hemos tenido la costumbre de gastar más de lo que adquirimos, o no ensayar la gran costumbre de mantener un límite financiero y cumplirlo. ¡Es una oportunidad ideal para observar nuestros hábitos!

5. Encuentre Enfoques Sólidos para Retribuirse.

Una razón por la que creamos numerosos patrones de comportamiento negativo, en cualquier caso, es porque nos hacen sentir mejor, independientemente de si es sólo por un breve momento. La gran experiencia de inclinación tiene la intención de aliviarnos o calmarnos cuando estamos concentrados, desanimados o fuera de nuestro bienestar. Por ejemplo, puede comer en exceso y sentirse bien mientras lo hace, pero luego se siente el doble de horrible. El equivalente va para fumar o beber en exceso. Mientras se encuentre en la manifestación, se sentirá suelto y sin problemas, a pesar de eso, luego se arrepentirá y prometerá dejar de fumar - pronto.

6. Diseñe un Arreglo.

Benjamin Franklin tenía un arreglo increíble para derrotar sus patrones de comportamiento negativo y suplantarlos con otros mejores. Desarrolló un procedimiento mediante el cual grabó 13 éticas que sintió que eran sognificativas en su vida y luego continuó probándolas. Se concentró en una excelencia por cada semana, pasando por alto grandes hábitos en un marco de tiempo de varias semanas. Antes de que terminara cada semana, creía que había superado el patrón de comportamiento negativo, así que continuó con el siguiente la próxima semana.

Durante este procedimiento, mantuvo un diario de su prosperidad con la ética. Dado que una parte de las excelencias alentaba la obtención de otras, las colocaba en una petición específica comenzando con la moderación ya que "adquirirá, en general, esa frialdad y claridad mental, que es tan fundamental donde se debe mantener una vigilancia constante".

Esto funcionará de manera admirable para cualquier persona que intente desarrollar otro gran hábito: ¡en realidad se espera que el cuidado garantice que se quede con él! Después del equilibrio, trató de quedarse quieto, ya que el aprendizaje podría adquirirse mejor "mediante la utilización de los oídos que de la lengua".

7. Encuentre sus Detonantes y Disuasorios.

Si no tiene la menor idea de cuáles son sus detonantes, o si no está preparado para los impedimentos inevitables, se expondrá a la decepción. Para desarrollar buenos hábitos, debemos saber cuáles son nuestros hábitos. Todos, en momentos de deficiencias e indefensión, necesitamos apoyo o una descarga para nuestras decepciones. Ir tras licor, drogas, comer en exceso o curarse demasiado no es la respuesta adecuada.

Si ocurre un episodio no deseado en el trabajo, o una disputa de tráfico desordenada ocurre en el tránsito a casa, es necesario localizar una opción sólida en contraste con su método estándar para manejarlo. En general, tenemos días terribles, sin embargo, no necesitamos recurrir a hábitos desafortunados para aligerar la presión. De la misma manera, tampoco podemos dar fatiga, una posibilidad de enojo, o tensión que desencadenan propensiones desafortunadas. Busque métodos sólidos para gestionar detonantes y problemas.

En este sentido, para limitar la caída del vagón y caer una vez más en viejos hábitos negativos, se compensará cuando haya progresado admirablemente. Disfrute de otro libro, una película, un espectáculo o un nuevo equipo de práctica. Si le hace falta dinero, visite a un compañero que no haya visto por algún tiempo, vaya a la exposición de artesanía del centro de la ciudad o aprecie un suave café con leche.

La brillante ventaja de desarrollar grandes hábitos es que, a raíz de hacerlo una y otra vez, pronto se programan. Cualquier cosa que logre durante bastante tiempo y de manera confiable, al final se convertirá en un hábito, y una vez que lo hace, nunca más tendrá que esforzarse demasiado. Tal es la magnificencia de cultivar grandes hábitos.

Identifique los Malos Hábitos

Es cualquier cosa menos difícil considerar que los hábitos caen en clasificaciones altamente contrastantes — practicar de manera excelente, roer las uñas horriblemente. Sea como fuere, los hábitos se sientan adcionalmente de forma continua en nuestra capacidad para ejercer el control sobre ellos: algunos son suaves, como quitarse los zapatos y tirarlos en el salón cada noche; otros son moderados, como cenar antes de la televisión o beber en exceso cuando vas a una reunión; y luego aquellos que son sólidos y adictivos — como fumar.

Los hábitos se vuelven difíciles de romper ya que están profundamente conectados, por una redundancia constante, a nuestras mentes. Además, cuando les agrega placer — como lo ha hecho con medicamentos o pornografía, por ejemplo — los focos de alegría del cerebro medio también se ponen en marcha.

En cualquier caso, los hábitos son ejemplos adicionales de comportamiento y la ruptura de ejemplos es simplemente la forma de poner fin a los hábitos. Como regla, hay un desencadenante razonable para comenzar el ejemplo. Aquí y allá, los factores detonantes son entusiastas — la necesidad de una bebida o un cigarrillo o roer las uñas impulsado por la presión. En diferentes ocasiones, el desencadenante es básicamente más situacional y natural: considera el asiento del ser y amar cuando golpea la entrada delantera, y ahora su mente saca una conclusión obvia, y cenar antes de que el televisor en el sillón no esté muy lejos. Con mayor frecuencia, es una combinación de ambos — la mezcla de tensión social y la condición de reunión harán que beba aún más.

En cualquier caso, estos ejemplos también están normalmente envueltos por otros más grandes: este es el lugar donde los horarios vienen para manejar nuestras vidas. Este es el momento cuando llega a la entrada principal después del trabajo, lanza los zapatos, se toma una cerveza, se sienta frente a la televisión con la cena en la mano sin pensarlo, de manera similar a cuando su descanso de trabajo por la mañana le incita a usted y a su acompañante, Kate, salir mientras cada uno fuma un cigarillo temprano en la mañana.

En general, estos comportamientos estándar son conocedores del desarrollo y de todos los efectos y propósitos. Nos protegen de reevaluar la rueda de nuestra vida cotidiana al establecer un sinfín de opciones a lo largo del día, lo que nos da más espacio mental para considerar diferentes cosas. El inconveniente de estos ejemplos de rutina viene cuando esos ejemplos aterrizan más en el terrible segmento que en el que es muy bueno.

Entonces, si tiene hábitos que necesita romper, aquí hay algunas etapas para comenzar:

- Caracterice el comportamiento sólido que necesita cambiar o crear

- Hacer más ejercicio o tratar mejor a su novio puede sonar increíble, pero le dan la oportunidad de controlarlo. Debe tomar medidas para romper el proceso por intuición en cuanto a comportamientos posibles y específicos — como no tirar los zapatos en la sala familiar, pero sí colocarlos en su armario; no comer frente al televisor en la mesa del salón; dacer una carrera media hora cinco días a la semana; enviar a su novio un libro de cortesía una vez al día, en lugar de no enviarle nada o libros negativos. Perforar en lo sólido.

Identifique los Detonantes

El congelador podría ser un detonante suficiente para que vaya a tomar la cerveza una vez que llegue a la entrada, de manera similar a lo que se observa cuando tiene una mala alimentarción sobre el mostrador debido a que está agotado. O también podría ser ese destello de tensión social que arruina la bebida cuando piensa en una ocasión prometedora con múltiples personas. Al identificar sus detonantes, tendrá un método para retroceder y no estar en piloto automático.

En cualquier caso, algunas personas tienen dificultades para hacer esto. Si esto es válido para usted, que tiene dificultades para darse cuenta de lo que realmente lo desencadena, puede trabajar en reversa — vea, por ejemplo, cuando anhela una bebida o se muerde las uñas, se demora y utiliza su familiaridad con estos comportamientos, debe de preguntarse: ¿Qué está pasando en su interior?

Construya un Arreglo de Sustitución

Salir de los hábitos no está ligado a la detención, sino a la sustitución. Aquí es donde piensa en un arreglo para lidiar con la reunión sin beber — tomar un cóctel y balancearse cerca de su gran compañero, en vez de tomar una bebida y estar con un montón de extraños.

Controle los Detonantes

Ya que necesitamos romper los diseños, actualmente hay que ocuparse de los detonadores mismos. Aquí se obtiene proactivamente la pésima alimentación o se prepara la casa, o cuando se entiende, mientras se conduce a casa, que se está concentrado, y se sienta intencionalmente en el vehículo y sintoniza la música que le gusta mientras está sentado en el garaje, o hace un par de minutos de respiración profunda para relajarse, en lugar de por consiguiente caminar en la zona de riesgo de la cocina.

O por otro lado, si le preocupa que se atiborre durante la noche, planee llevar dos golosinas a su habitación a las 11 en punto y resuelva no volver a bajar las escaleras durante el resto de la noche para evitar que se enrolle en la cocina y se desvíe hacia ella. O por otro lado, para evitar la atracción de la pornografía en la web, planee desconectar su PC cuando vuelva a casa y evite los aparatos, y más bien empiece con ese nuevo libro que le regalaron por su cumpleaños, o llamar a su madre, todo para abstenerse de caer en su práctica diaria establecida.

La clave aquí es planear esto antes de que los detonantes tengan la oportunidad de hacer efecto.

Cambie el Hábito Más Grande

Aquí estamos ampliando la configuración que abarca el diseño de hábitos. Aquí va al centro de recreación durante su descanso de medio día, ya que se da cuenta de que el siguiente trabajo es demasiado difícil cuando está tan agotado. O por otro lado, entiende que no se sienta a cenar en la mesa del salón, ya que está repleto de papeles y demás, por lo que debe comenzar por mantener la mesa despejada y prepararla para la cena antes que salir al trabajo.

Al echar un vistazo y cambiar el hábito más grande, en realidad no solo está simplificando el manejo del hábito central, sino que también está trabajando en practicar su autodisciplina en comportamientos más pequeños y más simples. Esto puede aumentar su sensación de fortalecimiento.

Obtener Soportes

Consiga un compañero de carrera, o un amigo de reunión, o alguien a quien pueda llamar, o una discusión en línea que pueda aprovechar cuando esos deseos comiencen a surgir y esté luchando. Converse con su compañero sobre ir a tomar una taza de expreso juntos en vez de quedarse afuera con sus cigarrillos. Ve a las reuniones de AA.

Apoyese y Premiese a sí Mismo

Tarde o temprano en sus esfuerzos por poner fin a un hábito, llegará a un punto en el que lo deja: ¿Por qué estoy tratando de luchar con esto? Se siente desanimado, cree que sinceramente está haciendo su vida aparentemente más difícil y que hay pocos resultados.

Esto es normal, el punto deprimido simultáneamente, y debe concentrarse en el panorama general. En cualquier caso, también debe asegurarse de trabajar en el resultado. Aquí intencionalmente se da palmaditas en la espalda por comer en la mesa en lugar del asiento de amor, a pesar de que no se sentirá mucho mejor rápidamente. Usted toma el efectivo que gastaría en licor, medicamentos o cigarrillos y lo ahorra para comprar algo diferente que siempre ha necesitado — otro atuendo, una escapada de primera línea a pequeña escala. Una vez más, se hunde en tener gente a su alrededor para que le grite y le ayude a entender que está ganando terreno y lo está haciendo de la manera correcta.

Use Indicaciones

Estas son sugerencias para permitirle romper el ejemplo al activar detonantes y alarmas positivas para mantenerlo encaminado: coloque sus zapatos para correr a lo largo del borde de su cama para que los vea antes que nada, o ponga un aviso en su teléfono para salir hacia el centro de ejercicios, o verificarse usted mismo y medir su sensación de ansiedad en el tránsito a casa antes de que se vuelva excesivamente alto y fuera de su control.

Sea Tenaz y Tolerante

Ese es el nombre del juego, obviamente: entender que requerirá algo de inversión para que las nuevas asociaciones cerebrales tengan efecto, para que los viejos detonantes mentales se calmen, para nuevos ejemplos que suplanten a los viejos. Trate de no golpearse a sí mismo por errores o usarlos como razones para detenerse. Tómelo un día a la vez.

Considere la Posibilidad de Obtener Asistencia Competente

Si lo ha hecho tan bien como se puede esperar y todavía está luchando, piense en buscar ayuda experta. Este podría ser un especialista que puede recomendar recetas fundamentales para la tensión y la desdicha, un asesor que no solo puede permitirle desenrollar las fuentes y los impulsores de sus hábitos, sino que además le ofrezca una ayuda y una responsabilidad implacable.

Si bien todos los hábitos no se hacen de manera similar, el objetivo que lo abarca todo es el equivalente, para ser específicos usted se hace cargo de su vida y es proactivo en lugar de responder de forma intencional en lugar de ser rutinario.

Capítulo 2 – Hábitos de Personas Altamente Efectivas

Potenciar a las Personas

Vivimos en una cultura que está en constante cambio. El tipo de niños pioneros que la América de la posguerra intentó ser es diferente del tipo de pioneros en los que se centraron Millennials y la Generation X.

El cambio en el estilo de autoridad ha sido en gran medida una consecuencia del cambio del centro de negocios y de lo que se espera de las organizaciones que sean agresivas. Hace veinte años, se trataba de que el orden y el control fueran inequívocos y definitivos. Se confiaba en que el pionero del pasado tuviera todas las respuestas apropiadas y guiara a sus trabajadores. Los representantes deben cumplir con las pautas, hacer lo que se les dijo y pagar su tasa hasta que sean elevados a un lugar de poder.

En ese momento, la satisfacción en el trabajo era un sueño imposible. Se le informó que si mantenía su enfoque en el panorama general – poder y autoridad – en ese punto, sería "efectivo". Pero no entiendo el significado de eso... En este modelo, nadie está contento y floreciente. La dirección y el control hacen que los representantes estén hambrientos de autogobierno y después de eso se vuelven alcohólicos de poder una vez que llegan al punto más alto del escalón. Todo está fuera de la ecualización, y la organización perdura.

Sea como fuere, actualmente dirigir y controlar está despejando el camino para un método de conducción cada vez más orientado a la comunidad. El mercado solicita avances a una velocidad tan rápida que se requieren pensamientos ilimitados para poder competir.

Estos pensamientos ilimitados no pueden originarse simplemente de un pionero; sin embargo, deben originarse de cualquier otra persona incluida.

De esta manera, la cúspide de la administración está pasando de instruir a todo el mundo, a permitir que otros piensen en los mejores y más brillantes pensamientos que nunca se han imaginado. ¿Cómo en ese momento les permite a las personas ser lo mejor posible?

Aquí hay seis maneras increíbles en las que puede comenzar a tener logros comerciales al ayudar a su grupo a ser el mejor:

Vivea los comportamientos que necesita que ellos comprendan.

Guiar a diferentes adultos no es un sistema de inspiración exitoso. ¿Cuándo fue la última vez que se determinó qué hacer para que se sintiera motivado y preparado para implementar una mejora genuina? Probablemente nunca, a la luz del hecho de que este es el enfoque más extremadamente terrible para lograr que las personas cambien. ¿Se da cuenta de lo que es profundamente viable? Exhibir los comportamientos, actividades y cualidades que desea encontrar en los demás. Sin embargo, esto requiere deber y orden de usted, el pionero. Debes ser la persona que necesita que sea su grupo.

Ayúdelos a Revelar su Zona de Genialidad.

Su Zona de Genialidad es el punto de cruce de su competencia intelectual innata y su motivación. Su actitud mental es la forma en que su cerebro, naturalmente prefiere emitir datos de comprensión y procesamiento. Su motivación está conectada con lo que le satisface y está asociada con su investigación del cerebro. Comprenda su desafío de vida más notable — la única cosa con la que generalmente se adapta a la situación para ayudar a otras personas. Esa es su Zona de Genialidad. En ese punto, tiene la fórmula para la inspiración interminable cuando la necesita.

Dele a su Grupo la libertad para que Hagan todo por su Cuenta.

No microgestione — otro ejecutor de la inspiración. Dar espacio a las personas. Me he encontrado con un sinfín de CEO que se han mudado a un entorno de trabajo solo de resultados. Todos los CEO detallaron una mayor inspiración y dedicación. Dele a su familia más oportunidades de las que se sienta bien — lo que parece ser la actividad más aterradora en algunas ocasiones es la más dominante. Su grupo regresará con resultados que no podrá imaginar.

Sea un Proveedor.

En su libro Give and Take, Adam Grant tomó nota de que las mejores personas proporcionan a los demás sin contemplar recibir nada en consecuencia. Cuando necesite involucrar a otros, prepárelos. Sea liberal, y se sentirán asociados con usted, con el valor aumentado y motivados a hacer lo mismo.

Acercarles Cuál es su Visión para su Vocación o Empleo.

Mucha gente no tiene la menor idea de cuál es su visión para su profesión u ocupación. La importancia de un sueño es que pueda manejarlo en momentos de progreso o en la priorización de empresas. El hecho de que sus familiares conozcan el rumbo que necesitan para controlarse mejora la eficacia así como un método simple para garantizar que están descubriendo cómo inspirarse.

Evite ofrecer a su grupo las respuestas. O tal vez, exprese el problema y déjelos pensar en el arreglo.

Esto está relacionado con la supervisión de sí mismo. A menudo hacemos las cosas sin querer y después de eso nos preguntamos por qué no estamos obteniendo los resultados que necesitamos. Obsérvese aún más intensamente con respecto a lo que declara a su grupo u otros. ¿Es seguro decir que está evitando instruirlos? Debería, pero esto no es simple. Vivimos en una sociedad hambrienta de poder y es más simple utilizar nuestra capacidad muscular, instruir a otros y usarla como una oportunidad para acariciar nuestras propias personalidades. No obstante, esto no compromete a otros a ser lo mejor de sí mismos.

En el momento en que los individuos se sientan capacitados, se almacenan en ellos mismos y en su capacidad para controlar su propia vida y la de expertos. Involucrar a otros promueve el pensamiento positivo y un alma "capaz" de completar las cosas — más rápido y mejor. Aquí hay 10 consejos para ayudar a otras personas a convertirse en todo lo que son aptos para ser.

Trate de no esforzarse por ser el punto focal de consideración; comparta el foco de atención y recoja los logros. Acumular el foco de atención generalmente crea rechazó, mientras que compartiendo se asegura de traer gratitud y aprecio.

Ofrezca de todo corazón su tiempo y consideración, sin anticipar nada en consecuencia. Los compañeros y asociados se sentirán reconocidos y le devolverán su liberalidad en agradecimiento.

Haga un esfuerzo especial para interactuar con nuevos socios. Visítelos, déles la bienvenida para un espresso; hagales sentir que son una pieza bienvenida y estimada del grupo.

Modele características de carácter positivas en las que tenga fe. Otros prestarán atención y copiarán sus palabras y actividades.

Si usted es responsable de una reunión, hágales saber a todos lo que merecen su evaluación. Energice a las personas que podrían ser modestas para gritar. Intente no menospreciar los compromisos de nadie, independientemente de si no puede evitar contradecir esas ideas específicas.

Escuche con atención. Intente no perder el centro cuando alguien se dirija a usted. Eche un vistazo a ellos y haga un gesto para mostrar que está siguiendo la discusión. Esto instará al otro individuo a seguir compartiendo sus pensamientos.

Ofrezca a las personas las dos palabras más subestimadas en el idioma inglés: "muy agradecido". Le demuestra a los demás que vio su ayuda o sus capacidades potenciales y está agradecido.

Dar informes directos de autogobierno. Deles la oportunidad de pensar sus propios pensamientos y respuestas. Individuos que se sientan responsables de sus decisiones más alegres, progresivamente satisfechos y cada vez más beneficiosos. Actúe hacia los demás como haría que otros actúen hacia usted, con benevolencia, pensamiento y consideración.

Haga cumplidos genuinos, independientemente de si está aplaudiendo la naturaleza del trabajo de alguien, su ayuda con una tarea o su atuendo.

Previsión y Enfoque

Lo que está por venir es demasiado imperativo como para dejarlo en riesgo. Anteriormente, las organizaciones sustentaban a los individuos. En la actualidad, es regularmente de una forma diferente.

La retórica mohista puede usarse para contrarrestar la difusión de información errónea por parte de las agencias gubernamentales porque ofrece una base para el "amor universal" y la sumisión a la "voluntad del cielo". La retórica mohista es una filosofía China que enfatiza la importancia de Dios (el Señor en lo Alto) y el amor universal está cambiando radicalmente el comportamiento en la sociedad. Esta filosofía fue concebida por Mozi a través de sus enseñanzas, y enfatiza la practicidad y la igualdad en la sociedad. Uno de los aspectos fundamentales de la filosofía es que enfatiza una sociedad meritocrática dirigida por un monarca virtuoso y funcionarios que han sido nombrados en función de sus habilidades para manejar las responsabilidades en lugar de la condición social. La filosofía es particularmente crítica de los excesos de la sociedad, como los ritos funerarios confucianos que utilizaron una cantidad significativa de fondos que se gastarían mejor en la sociedad.

Esta retórica puede utilizarse para contrarrestar la difusión de información errónea por parte de los organismos gubernamentales utilizando el consejo mohista en la selección de los líderes apropiados. La retórica mohista enfatiza la selección de líderes en función de sus habilidades y capacidades en lugar de sus antecedentes, y esto contribuirá en gran medida a garantizar que los encargados de la información no difundan la información errónea. Del mismo modo, la retórica mohista señala la importancia de un ser superior en la sociedad, Dios; por lo tanto, todas las acciones emprendidas por una agencia gubernamental deben incorporar las enseñanzas e instrucciones de Dios al enviar información. Por lo tanto, todas las acciones tomadas por el gobierno deben tener en cuenta "la voluntad del Cielo" y garantizar que todas las actividades emprendidas se realicen de acuerdo con las leyes de Dios. Por lo tanto, este documento proporcionará información sobre las formas específicas en que la retórica mohista puede usarse para contrarrestar la propagación de información errónea por parte de las agencias gubernamentales.

La retórica mohista se caracterizó por principios específicos que proporcionaron a sus seguidores una comprensión básica de cómo comportarse en la sociedad. Una de las características críticas de la retórica mohista era que debería hacerse hincapié en la frugalidad y la utilidad entre la población. Esto significa que todos los recursos de la sociedad deben coordinarse y utilizarse para avanzar en el progreso de la comunidad y mejorar el bienestar de cada individuo. Por lo tanto, todas las actividades que se realicen en la sociedad deben tener en cuenta el progreso general esperado para la comunidad sin prejuicios.

La condena del lujo y el desperdicio en la sociedad también es otra característica crítica de la retórica mohista. Los principios de esta ideología son que el lujo en la sociedad no debe ser tolerado, particularmente a expensas de las actividades generales que promoverán el progreso en la comunidad. Las personas en puestos de autoridad no deben vivir sus vidas con lujo mientras el resto de la población se sume en la pobreza. Del mismo modo, tampoco se deben tolerar los desechos porque es necesario reunir todos los recursos de la comunidad para mejorar el bienestar de cada individuo. Por lo tanto, el lujo y el desperdicio son aspectos fundamentales de la comunidad que deben evitarse en beneficio de un mejor mañana.

Otra característica importante de la retórica mohista es un enfoque utilitario en la gestión de los asuntos de la comunidad.

'Preocupados por la gente común, propulsaron una filosofía político-social utilitaria, dirigida hacia el bienestar material de todos. Todas las acciones tomadas en la sociedad por figuras de autoridad deben reconocer los beneficios de cada miembro de la comunidad en contraposición a los grupos individuales de personas. Esto significa que en una sociedad mohista, la buena moral abarca aquellas acciones que serán favorables para la mayoría de las personas. Por lo tanto, esta característica crucial de la retórica mohista hace hincapié en el cuidado imparcial de cada miembro de la comunidad, independientemente de su estatus social.

La reverencia a Dios (el Señor en lo Alto) como otra importante característica de la retórica mohista que guió las decisiones y acciones tomadas por los mohistas en la época. Los mohistas creían que toda la vida se originó en Dios, y que tener reverencia y respeto por él era la única forma en que la sociedad podía progresar. Los mohistas también enfatizaron adorar a las deidades tradicionales y mantener la importancia de un ser supremo como un aspecto importante de la cultura China. Por lo tanto, esta característica permitió a cada individuo respetar a cada uno sobre la base del mismo amor que Dios tiene por todos.

La retórica mohista puede usarse como una herramienta de argumentación para contrarrestar las tácticas de comunes de desinformación que existen hoy en día. En primer lugar, la retórica mohista implica la creencia de que las figuras de autoridad en la sociedad deberían ser nombradas para tales puestos en base a sus capacidades para realizar el trabajo en lugar de su estatus social. Esto significa que los líderes de la sociedad habrán pasado por extensos procesos de selección para asegurarse de que sean individuos moralmente rectos en los que confía la mayoría del público. Por lo tanto, este enfoque se puede utilizar para contrarrestar la difusión de información errónea asegurando que haya líderes creíbles seleccionados por la mayoría para garantizar que las acciones tomadas por el gobierno funcionen en el mejor interés del público.

Del mismo modo, la retórica mohista puede usarse para enfrentar el desafío de la desinformación en el mundo actual al condenar los lujos y los desechos de la sociedad. Una sociedad lujosa será indiferente a la información que reciba siempre y cuando no afecte al lujo, y esto promueve la difusión de información errónea. Además, una sociedad derrochadora estará compuesta de información errónea porque la mayoría de las personas estarán convencidas de no pensar en el desperdicio que realmente se genera a su alrededor. Como Chris Fraser ha señalado, establecer distinciones de esta manera es el equivalente funcional, en el pensamiento mohista, de emitir un juicio o formar una creencia. La capacidad de dibujar las distinciones correctamente es el conocimiento. Por lo tanto, emplear la retórica mohista sobre la conducta de la vida y la sociedad para gestionar el lujo y el desperdicio de manera sistemática ayudará a contrarrestar la propagación de información errónea asociada a estos males en la sociedad.

El enfoque utilitario de la retórica mohista también se puede utilizar para contrarrestar la difusión de información errónea al destacar el hecho de que toda la información debería beneficiar a cada individuo. Una característica importante de la información errónea es que la acción se perpetúa en beneficio de unos pocos, mientras que la mayoría tiene que vivir con una mentira. Por lo tanto, un enfoque utilitario enfatiza el intercambio de información verdadera con tantas personas en la sociedad como sea posible, con el impacto deseado que sea favorable para los miembros de la comunidad.

Construya Relaciones Fuertes

La solución individual más significativa en la ecuación del logro es darse cuenta de cómo coexistir con los individuos.— Theodore Roosevelt

Uno de los encuentros más importantes que podemos tener en nuestras vidas es la asociación que tenemos con otras personas. Las conexiones positivas y fuertes nos ayudarán a sentirnos más ventajosos, más alegres y cada vez más felices con nuestras vidas. Aquí hay algunos consejos para ayudarle a desarrollar conexiones progresivamente positivas y sólidas en todas las partes de su vida:

La ética y la moral describen las formas adecuadas de gobernar el comportamiento humano que garantizan que todos vivan en paz y armonía. Observar los códigos de ética es una parte integral de la sociedad actual porque garantiza que haya equidad y justicia. Estas reglas especifican la forma en que las personas deben vivir e interactuar entre sí sin discriminación o favor contra otras personas. Existen varios ámbitos de la ética y la moral que rigen la forma en que las personas viven entre sí y gestionan los recursos que las rodean. El concepto de ética puede aplicarse a un conjunto diferente de individuos en la sociedad y el entorno circundante.

Éticamente, las personas deben vivir con consideración y respeto mutuo entre sí para asegurarse de que no haya prejuicios. Cada persona en la tierra es igual y tiene derecho a compartir las libertades de todos los demás. Esto significa que comportarse de manera moral no enoja ni limita las oportunidades de otra persona de una manera intencional. En cambio, hay una cuidadosa consideración por los intereses de otras personas, así como el bienestar de toda la comunidad. Este enfoque cuidadoso para cuidar el bienestar de las personas que lo rodean constituye a un comportamiento ético.

Las leyes que gobiernan los países y las naciones del mundo también tienen una influencia significativa en la formación de las opiniones sobre la ética y la moral. Las leyes proporcionan reglas y regulaciones definidas que determinan la manera en que las personas interactúan entre sí. Las leyes son muy claras sobre las actividades que tienen la consideración de ser legales o no. Por lo tanto, aquellas personas que actúan fuera de los límites de la ley son responsables de ser castigados porque sus acciones no fueron éticas. Permanecer dentro de los límites de la ley es esencial para garantizar que haya un alto nivel de responsabilidad entre todos. Esto reduce las posibilidades de desarmonía y disputas porque todos tienen la percepción de estar en igualdad de condiciones con otras personas de la comunidad

Las religiones que existen en el mundo también son muy influyentes en la formación de las opiniones sobre la ética y la moral. Esto se debe a que las enseñanzas religiosas proporcionan una base para el mejor comportamiento humano y actividades positivas que aseguran lo mejor para todos. La religión es muy estricta al proporcionar detalles sobre cómo las personas deberían convivir entre sí porque distingue el buen comportamiento del mal. Por lo tanto, el comportamiento aceptable según la religión es ético y moral porque no influye negativamente en la sociedad circundante.

La manera en que las personas interactúan con el medio ambiente también es una influencia significativa en los puntos de vista de la ética y la moral. Es vital que los seres humanos cuiden el medio ambiente a su alrededor y garanticen su existencia durante años venideros porque es la acción más ética para realizar. Preservar el medio ambiente es un concepto vital porque la vida humana depende firmemente del bienestar de los ecosistemas naturales. Por lo tanto, es un comportamiento ético conservar y gestionar el medio ambiente para garantizar su virilidad para apoyar la vida y estar disponible para las generaciones futuras, también.

En línea con el tema de Prey, hay una serie de contrastes y comparaciones con la tecnología actual. El libro de Michael Crichton "Prey" habla sobre los avances tecnológicos que podrían dar forma a la tierra algún día. La trama de la historia toma forma a través de una mujer que trabaja en la sección del departamento de nanotecnología de su empresa. Ella rápidamente se destacó principalmente porque su esposo perdió su trabajo y se convirtió en una carga para ella. Por lo tanto, la esposa tiene que concentrar toda su energía en su carrera para mantener a su familia y alcanzar sus intereses también.

Por lo tanto, uno de los principales contrastes del tema de Prey con la tecnología actual es la existencia de robots. La historia habla sobre el protagonista que busca una estrategia tecnológica adecuada para desarrollar la última máquina. Su trabajo es de alto secreto e incluso su esposo no tiene idea de en qué está trabajando. Su aislamiento en el desarrollo de esta tecnología hace que su esposo crea que está teniendo una aventura extramatrimonial cuando no está. Pero la realidad es que el desarrollo de esta tecnología no se compara con nada presente en la sociedad actual, lo que significa que necesita mucho tiempo para desarrollarla.

El desarrollo de robots es una característica dominante del trabajo de Michael Crichton. La historia es muy futurista, ya que proporciona detalles sobre la fabricación y el desarrollo de estas máquinas y su incorporación a la sociedad. Esta tecnología actualmente no existe en el mundo de hoy, principalmente porque todavía está en sus etapas iniciales de desarrollo. Por lo tanto, esta desambiguación proporciona una idea del posible futuro del mundo con la incorporación de robots en varias operaciones. Esta tecnología tiene avances significativos que resaltan las principales diferencias con la tecnología actual.

Además de las diferencias en el nivel de tecnología en el libro de Crichton y el mundo de hoy en día, hay mucha información sobre ingeniería genética. Relativamente nuevo en el mundo de la tecnología, la ingeniería genética implica alterar los genes dentro de diferentes especies de animales y seres humanos para lograr equilibrios biológicos. La ingeniería genética es un tema delicado porque va en contra de las normas de la sociedad, especialmente la opinión religiosa. Esto se debe a que los propósitos y procesos de la ingeniería genética tienen vínculos estrechos con la creación de seres vivos, un concepto que solo tiene una asociación con Dios y otros seres superiores.

Por lo tanto, las explicaciones exhaustivas sobre la ingeniería genética sirven para abrir un mundo futuro donde cualquier cosa podría ser posible. Esta diferencia obvia en las capacidades de los seres humanos en el futuro destaca el mayor contraste del libro de Crichton con la tecnología actual. La capacidad de desarrollar y alterar material genético para crear otros seres es un concepto con el que los científicos solo pueden soñar en el mundo de hoy. Sin embargo, hay introducciones moderadas de ingeniería genética en la tecnología actual, pero los niveles de los que Crichton habla en su novela están muy por delante del tiempo de hoy. Este es uno de los temas contrastantes en la novela de Crichton sobre la tecnología actual y la del futuro.

Otro tema esencial en discusión en la novela son los problemas que rodean la inteligencia artificial. Hay mucha similitud de esta tecnología con los logros actuales en el mundo de hoy. Esto se debe a que varios científicos de todo el mundo ya practican la inteligencia artificial para inducir la vida y garantizar el equilibrio biológico adecuado. Por lo tanto, la inteligencia artificial generalmente implica la combinación manual de factores genéticos en animales y seres humanos que conducen a la vida. Esta tecnología ofrece un método adecuado para controlar las poblaciones dentro de una región dada porque ofrece la capacidad de agregar vida al planeta.

El libro de Michael Crichton ofrece algunas similitudes y diferencias en el desarrollo y la aplicación de la inteligencia artificial. En la tecnología actual, el uso de la inteligencia artificial para factores biológicos tiene una serie de ventajas y desventajas . Hay mucho margen de error porque el desarrollo de la tecnología aún está en curso. Esto significa que es mayor la posibilidad de que no funcione. Pero también aún hay espacio para mejorar los niveles actuales de tecnología que rodean la inteligencia artificial.

Sin embargo, según las descripciones de Michael Crichton en su novela Prey, el futuro contendrá algunos de los cambios más significativos para la inteligencia artificial. Entre los principales detalles de la novela se incluyen la precisión y la idoneidad de la inteligencia artificial para regular la vida en la tierra. Como resultado de esta tecnología, es posible que los científicos programen la creación de la vida humana a través de técnicas científicas apropiadas. Esta tecnología futurista es responsable de aumentar la vida manualmente tanto en animales como en seres humanos, dejando muy poco margen de error. Además del conocimiento de la ingeniería genética y la nanotecnología, es posible que los científicos creen rápidamente una nueva vida con una precisión sorprendente.

Por lo tanto, los avances tecnológicos del futuro son muy diferentes a los de la tecnología actual en el mundo de hoy. Pero según la novela de Crichton, los seres humanos eventualmente llegarán a la etapa en la que jugarán casi el mismo papel que Dios. Su aterradora capacidad para determinar la creación de vida y el control de varios factores biológicos plantea los problemas de ética y moralidad. Esto se debe a que, según el mundo actual, es ético obedecer completamente a Dios, evitar la blasfemia y asumir algunos de sus roles, como la creación de la vida.

Aquí también hay otras similitudes y diferencias en la tecnología dentro de la novela de Crichton y el mundo de hoy en día. Con respecto al conocimiento adicional que posee el ser humano en la creación de la vida, la vida artificial pronto se convertirá en un problema ya que hay varios seres en la tierra nacidos de esta manera. La vida artificial es un tema controvertido porque las formas de vida representan el trabajo de los seres humanos en lugar de un ser superior. Incluso los científicos reconocen que el origen de la vida debe haber sido de una fuerza externa con poderes superiores a la de una persona ordinaria. Por lo tanto, la capacidad de crear vida plantea muchas preguntas y cuestiona la fibra ética y moral de la vida artificial.

Además del enfoque biológico de mejorar la tecnología, hay desarrollos significativos en el campo de la computación científica. En el futuro, las computadoras se volverán más complejas y técnicas de usar a medida que adquieran atributos más cercanos al cerebro humano. La potencia y la complejidad de estas computadoras permiten su durabilidad porque utilizan fuentes de energía alternativas. Esto significa que ofrecen una vida útil mayor y mejor que la tecnología actual, donde solo unas pocas computadoras tienen la potencia necesaria para igualarlas.

Una de las adiciones significativas a la tecnología que rodea a las computadoras es una batería con la capacidad de sobrevivir durante mucho tiempo. Esto permite que la computadora realice operaciones complejas que tienen similitud con las operaciones del cerebro. Esto plantea cuestiones éticas y morales en el mundo de hoy porque solo Dios puede biológicamente crear un órgano complejo capaz de realizar operaciones complejas.

Esta percepción parece estar en el fondo de la novela de Crichton mientras explica la complejidad de la evolución de las computadoras. El resultado de esta evolución es una máquina muy técnica que no corresponde a la tecnología moderna del mundo actual.

El mundo de las compras y los avances científicos en computadoras es el enfoque correcto cuando se busca saber más sobre las descripciones de la tecnología de Crichton. Es apropiado que el individuo haga algunas investigaciones en el mercado así como en los productos disponibles. Una cosa es saber el tipo de reloj que se va a comprar, y otra cosa es conseguir que un distribuidor apropiado le ayude. Por lo tanto, hacer una investigación temprana en Internet sobre la tecnología permitirá al individuo abrir sus opciones. De esta manera, será posible encontrar a los profesionales adecuados que venderán el producto correcto a un buen precio.

Algunas de las principales características incluyen la opción de venir en un modelo digital o tradicional. Esto es esencial porque el mercado está formado por clientes con diferentes gustos y preferencias, por lo que resulta pertinente abastecerse de varias opciones. Los relojes tienen instalaciones impermeables además de pilas de alta potencia que garantizan que el reloj permanezca activo durante un largo período de tiempo. Además, otra característica interesante del reloj es la opción de una correa clásica de cuero que permite al usuario obtener el mejor producto posible. Estas características mejoran el reloj y le permiten competir fuertemente en el mercado.

Una de las principales ventajas de la compra de este reloj es su pila de larga duración que permite que el reloj permanezca funcionando durante varios años. Una pila estable asegura que este reloj no deje de funcionar en poco tiempo. Otra ventaja de este reloj es que es práctico, ya que puede ser usado por cualquiera. Sus capacidades de resistencia al agua le permiten ser práctico para su uso tanto en la oficina como en actividades de trabajo manual. Por último, la compra de ese reloj le permitirá al usuario acceder a una garantía de un año que le permitirá recuperar su dinero si no está satisfecho con el producto.

Una de las desventajas de este reloj es su precio relativo dentro del mercado. En comparación con la mayoría de los otros relojes de esta clase, es caro y es probable que sólo atraiga a unos pocos clientes interesados. Además de esto, sus principales características y apariencia se asemejan a otros productos en el mercado. Esto significa que el consumidor tiene una amplia variedad de opciones para seleccionar y puede fácilmente mirar la novela, Prey. Por último, la opción de cuero es un extra adicional que el cliente tendrá que pagar, lo que significa que gastará más dinero para conseguir el mejor reloj.

A pesar de las desventajas, el reloj es moderno y atractivo para la generación actual, incorporando los últimos cambios. En la oscuridad, las manecillas del reloj y las figuras del reloj digital son luminosas y permiten su uso en el escenario más oscuro. El estilo y la artesanía detrás del producto final lo hacen hermoso y atractivo para los espectadores. Por lo tanto, es un producto agradable de tener y es probable que mejore su valor en el futuro debido a su atractivo estético. Por lo tanto, los clientes no deberían buscar más si quieren beneficiarse plenamente de los avances tecnológicos futuristas.

Por lo tanto, las principales discusiones y debates éticos que rodean las descripciones tecnológicas en la novela de Crichton giran principalmente en torno a factores religiosos. La religión ofrece una base importante para desarrollar opiniones éticas y morales en el mundo de hoy en día, ofreciendo así una excelente descripción de algunos de los dilemas del libro. La religión es muy clara y categórica sobre los orígenes de los seres humanos y toda la vida en la tierra. Establece específicamente que los seres humanos son producto de la obra de Dios y solo Él puede regular, terminar y crear una vida nueva.

Por lo tanto, las descripciones de Crichton de la vida artificial y los complejos avances en el mundo científico crean dilemas éticos porque la mayoría de las personas creen que la vida proviene de un ser superior. Por lo tanto, los principales problemas éticos en discusión, en este caso, son las capacidades y la experiencia del ser humano en relación con Dios. El lector de esta novela tendrá dificultades para creer que los seres humanos avanzarán a un nivel en el que puedan regular la vida en la Tierra. Esto genera mucha controversia porque la tecnología de hoy no está cerca de lograr estos avances científicos.

La descripción de los problemas relacionados con la ética en el mundo de hoy es que el hombre tiene un límite para lograr el éxito de Dios. Por lo tanto, la referencia constante a la tecnología moderna que rivaliza con el poder de Dios es el tema ético más importante en discusión. Existe una gran asociación entre la falta de ética en el futuro del mundo como resultado de los rápidos avances de la tecnología. Por lo tanto, la novela Prey, ofrece una idea del papel de la tecnología en la determinación del destino de los seres humanos en el mundo futuro.

Fe y Compromiso

¿Sería capaz de reconocer una relación decente? Obviamente, nadie se da cuenta de lo que realmente sucede entre una pareja, sin embargo, muchos años de examen científico sobre la adoración, el sexo y las conexiones nos han enseñado que pueden preverse diversos comportamientos cuando una pareja está en un terreno firme o se dirige hacia aguas agitadas. Grandes conexiones no ocurren sin ninguna previsión. Asumen la responsabilidad, el trato, el perdón y una gran parte de todo — el esfuerzo. Continúe buscando lo más reciente en ciencia de relaciones, pruebas divertidas y consejos complacientes para que pueda fabricar un vínculo más sólido con su pareja.

Amor y Romance

Comenzar a mirar a todos con los ojos estrellados es la parte simple. La prueba para parejas es la manera de revivir las llamas del sentimiento de vez en cuando y desarrollar el crecimiento, confiando en la adoración que es el signo de una relación duradera.

- ¿Cuál es tu estilo de amor?
- Cuando dice "Te adoro", ¿no entiende su significado?
- Sentimental: basado en la energía y la fascinación sexual.
- Amigos más cercanos: cariño y amor profundo
- Consistente: sentimientos prácticos que dependen de cualidades compartidas, objetivos monetarios, religión, etc.

- Enérgico: sentimientos provocados por burlas o sentirse probado

- Posesivo: celos y fijación

- Desinteresado: Nutrición, consideración y sacrificio

Los especialistas han descubierto que la adoración que sentimos en nuestras conexiones más dedicadas es generalmente una mezcla de algunos tipos diferentes de afecto. En cualquier caso, con frecuencia, dos individuos en una relación similar pueden tener adaptaciones completamente diferentes de cómo caracterizan el amor. Los científicos dan el caso de un hombre y una mujer comiendo. El servidor juega con la dama; Sin embargo, el esposo parece no darse cuenta, y empiezan las discusiones sobre el reemplazo del aceite en su vehículo. La esposa está enojada, su media naranja no tiene envidia. El esposo siente que su trabajo adicional no es valorado.

¿Qué tiene esto que ver con el afecto? El hombre y la mujer caracterizan el amor de manera diferente. Para él, el amor es funcional y se ve mejor con movimientos constantes como el mantenimiento del vehículo. Para ella, el afecto es posesivo, y una reacción deseosa de su pareja hace que su ambiente sea estimado.

Comprender lo que hace que su pareja se sienta adorado puede permitirle explorar la lucha y restablecer el sentimiento en su relación. Usted y su cómplice pueden tomar la prueba Love Style del Dr. Hatkoff y descubrir cómo cada uno de ustedes caracteriza el amor. Si se familiariza con su pareja se inclina hacia la envidia, asegúrese de ver cuándo alguien está jugando con esa persona. Si su pareja es hábil en el afecto, vea las numerosas pequeñas formas en que la persona en cuestión muestra amor al tratar con las necesidades habituales.

El amor sentimental ha sido conocido como una "compulsión característica", ya que inicia el enfoque de recompensa de la mente, sorprendentemente las vías de la dopamina relacionadas con el uso ilícito de drogas, el licor y las apuestas. Sea como fuere, esos caminos equivalentes también están conectados con rareza, vitalidad, centro, aprendizaje, inspiración, deleite y deseo. ¡No es una gran sorpresa que nos sintamos tan empoderados y emocionados cuando comenzamos a mirar a todos con los ojos estrellados!

Sin embargo, en conjunto nos damos cuenta de que el amor sentimental y energético se desdibuja un poco después de un tiempo, y (confiamos) se desarrolla en un tipo de amor sometido cada vez más apaciguado. En igualdad de condiciones, muchas parejas desean revivir los destellos del primer romance. Sea como fuere, ¿es posible?

Explore un territorio nuevo y diferente, y asegúrense de hacerlo juntos. Nuevos encuentros representan el marco de recompensa del cerebro, inundándolo con dopamina y norepinefrina. Estos son circuitos mentales similares que se iluminan en el amor sentimental temprano. Independientemente de si toma una clase de cerámica o realiza un viaje en bote por la naturaleza, iniciar sus estructuras de dopamina mientras está como uno puede ayudarlo a recuperar el fervor que sintió en su primera cita. En investigaciones de parejas, el Dr. Aron descubrió que las parejas que normalmente comparten nuevos encuentros reportan elevaciones más prominentes en la satisfacción conyugal que las personas que simplemente comparten encuentros encantadores pero naturales.

Analize su Nivel de Pasión

La educadora de investigación del cerebro Elaine Hatfield ha recomendado que la adoración que sentimos de inmediato en una relación es diferente de lo que sentimos después. De buenas a primeras, el amor es "entusiasta", lo que significa que tenemos sentimientos de anhelo excepcional por nuestra pareja. Las conexiones a largo plazo crean "amor de compañía", que puede representarse como una amistad profunda y sentimientos sólidos de deber y cercanía.

¿A dónde llega su relación en el rango de afecto? La escala del amor apasionado, creada por el Dr. Hatfield, de la Universidad de Hawai, y Susan Sprecher, una educadora de ciencias del cerebro y humanismo en la Universidad Estatal de Illinois, puede permitirle medir el nivel de energía de su relación. Cuando vea dónde está parado, puede comenzar a intentar inyectar más energía en su asociación. Tenga en cuenta que si bien la escala es ampliamente utilizada por los analistas de relaciones que estudian el amor, la prueba no es, de ninguna manera, la última palabra sobre la fuerza de su relación. Tómelo solo como entretenimiento y deje que las preguntas lo animen a conversar con su pareja sobre el entusiasmo. A fin de cuentas, nadie puede decir realmente a dónde puede conducir la discusión.

Sexo
Para la mayoría de las parejas, cuanto más sexo tienen, más alegre es la relación.

¿Cuál es la Cantidad de Sexo que Tiene?

¿Qué tal si comenzamos con las noticias edificantes? Las parejas sometidas realmente tienen más sexo que cualquier otra persona. ¿Trata de no confiar en ello? Si bien los hechos demuestran que las personas solitarias pueden divertirlo con relatos de escenas sexuales locas, recuerde que las personas solitarias también experimentan largas sequías. Un informe en 2017 encontró que el 15 por ciento de los hombres y el 27 por ciento de las mujeres revelaron que no habían tenido relaciones sexuales en el año anterior. Además, el 9 por ciento de los hombres y el 18 por ciento de las mujeres afirman que no han tenido relaciones sexuales en cinco años. Los componentes principales relacionados con una vida sin sexo son la edad más madura y el no estar casados. Así que, ya sea que tenga sexo dedicado o en pareja una vez a la semana, al mes o sólo seis veces al año, la verdad es que todavía hay alguien que podría estar teniendo menos sexo que usted. Además, si usted es una de esas personas que NO tiene relaciones sexuales, esto lo alegrará: los estadounidenses que no tienen relaciones sexuales están tan contentos como sus parejas explícitamente dinámicas.

El Matrimonio sin Sexo

¿Por qué razón algunas parejas chisporrotean mientras otras fallan? Los investigadores sociales están leyendo sobre las relaciones sin sexo para obtener indicaciones sobre lo que puede resultar mal para ver a alguien.

Se evalúa que el 15 por ciento de las parejas casadas no han tenido relaciones sexuales con su compañero de vida en el último medio año a un año. Algunas relaciones sin sexo comenzaron casi sin sexo. Algunas relaciones sin sexo comenzaron con casi nada de sexo. Otras relaciones sin sexo devido al trabajo estatal o un emprendimiento que provocó un retroceso y al final causó la detención del sexo. Las personas en relaciones sin sexo generalmente no están tan contentas, sino más propensas a haber considerado la separación que las personas que tienen relaciones sexuales normales con su pareja o cónyugue.

Si tiene un matrimonio de bajo sexo o sin sexo, el avance más significativo es consultar a un especialista. Un deseo sexual bajo puede ser el efecto secundario de un problema terapéutico (bajo nivel de testosterona, rotura eréctil, menopausia o miseria) o muy bien puede ser una reacción de una receta o tratamiento. Algunos investigadores estiman que desarrollar la utilización de antidepresivos como Prozac y Paxil, que pueden desalentar el deseo sexual, podría contribuir a una expansión en las relaciones sin sexo.

Si bien algunas parejas en relaciones sin sexo son alegres, en realidad, cuanto más sexo tienen varias, más alegres son como una sola. Es difícil revivir un matrimonio que ha abandonado el sexo durante bastante tiempo, sin embargo, es muy posible que se termine. Si no puede vivir en un matrimonio sin sexo, debe permanecer casado, consulte a un especialista, visite a un asesor y comience a conversar con su pareja.

Aquí hay una parte de los medios que los especialistas prescriben para recuperar un matrimonio sin sexo en la habitación:

- Conversar con los demás sobre sus deseos.
- Diviértanse mucho juntos y compartan nuevos encuentros para recordarle cómo fue que comenzaste a verle con los ojos estrellados.
- Tomarse de las manos. Contacto. Abrazo.

Participe en relaciones sexuales independientemente de si prefiere no hacerlo. Numerosas parejas descubren que si se limitan a entablar relaciones sexuales, pronto no se convertirá en trabajo y recordarán que en realidad les gusta el sexo. El cuerpo reacciona con una oleada de sintéticos cerebrales y diferentes cambios que pueden ayudar.

Tenga en cuenta que no hay un punto de ajuste para la medida perfecta del sexo en un matrimonio. La medida apropiada del sexo es la suma que satisface a los dos cónyugues.

Una Receta para una Mejor Vida Sexual

Si su coexistencia sexual ha desaparecido, puede requerir un poco de inversión y esfuerzo volver a ponerla en marcha. El mejor arreglo es moderadamente básico, aunque muy difícil para algunas parejas: Comience a discutir sobre sexo.

Ocúpese de los asuntos: tenga relaciones sexuales, sin importar si no está en el estado de ánimo. El sexo desencadena reacciones hormonales y de sustancias en el cuerpo y, independientemente de si no está dispuesto, es probable que llegue rápidamente una vez que comience.

Reserva unos minutos para el sexo: los cónyugues ocupados regularmente declaran que están irrazonablemente ocupados para el sexo, pero sorprendentemente, las personas realmente ocupadas parecen descubrir el tiempo para tener relaciones ilícitas. La verdad del asunto es que el sexo es útil para su relación. Hagalo una necesidad.

Charla: Pregúntele a su pareja qué necesita. Sorprendentemente, esta es la mejor prueba que enfrentan las parejas con respecto a reiniciar sus experiencias sexuales.

Las dos propuestas iniciales son claras como el día, sin embargo, ¿qué tal si dejamos de lado un esfuerzo para investigar el tercer paso: conversar con su pareja sobre el sexo? El Dr. Hatfield de la Universidad de Hawái es uno de los pioneros de la ciencia de las relaciones. Creó la escala de Amor apasionado que investigamos antes en esta guía. Cada vez que la Dra. Hatfield dirigió una progresión de reuniones con personas sobre sus necesidades sexuales, descubrió que las personas comparten mucho más en la práctica de lo que entienden, simplemente tienden a no hablar de sexo entre ellas. Aquí hay un ejercicio sencillo que depende del examen del Dr. Hatfield que podría afectar enormemente su convivencia sexual:

Busque Dos Pedazos de Papel y Dos Bolígrafos.

En este momento, acomódese con su pareja para que cada uno de ustedes pueda registrar cinco cosas que necesitan una mayor cantidad durante el sexo con su pareja. Las respuestas apropiadas no deberían ser actos sexuales minuciosos (a pesar del hecho de que eso está bien si es crítico para usted). En un mundo perfecto, sus respuestas deben concentrarse en los comportamientos que desea: ser gruñón, sentimental, delicado, difícil o valiente.

Si se parece a las parejas en el examen del Dr. Hatfield, es posible que comparta innegablemente más para todos los intentos y propósitos en lo que respecta a las necesidades sexuales de lo que entienden. Aquí están las respuestas apropiadas que dieron las parejas del Dr. Hatfield.

¿Qué tal si vemos lo que las parejas compartieron para todos los propósitos? Los dos cónyuges necesitaban encanto, pautas y experimentación.

La diferencia fundamental para las personas es el lugar donde comienza la necesidad sexual. Los hombres necesitaban a sus parejas para comenzar a tener relaciones sexuales con mayor frecuencia y estar menos restringidos en la habitación. Sin embargo, para las mujeres, el comportamiento fuera de la habitación también marcó la diferencia. Necesitaban que su pareja fuera más atractivo, útil en sus vidas, y necesitaban amor y cumplidos en toda la habitación.

Permanecer Fiel

Las personas pueden prepararse para asegurar sus conexiones y elevar sus sentimientos de responsabilidad.

¿Sería capaz de predecir la infidelidad?

En cualquier año, alrededor del 10 por ciento de las personas casadas, el 12 por ciento de los hombres y el 7 por ciento de las mujeres, afirman que han tenido relaciones sexuales fuera de su matrimonio. Los ritmos moderadamente bajos de duplicación anual cubren el ritmo mucho más alto de estafa de por vida. Entre los individuos, más de 60, alrededor de uno de cada cuatro hombres y una de cada siete mujeres reconocen que alguna vez han sido infiel.

Varias investigaciones en las dos entidades y personas recomiendan que podría haber una parte hereditaria en la infidelidad. Si bien la ciencia presenta una defensa convincente de que hay una parte hereditaria para engañar, también nos damos cuenta de que las cualidades hereditarias no son el destino. Además, hasta que haya una prueba de calidad rápida para decidir el peligro de traición de su pareja, la discusión sobre las cualidades hereditarias de la infidelidad no es especialmente útil para nadie.

Hay algunos atributos de carácter que se sabe que están relacionados con el engaño. Un informe en "The Archives of Sexual Behavior" encontró que dos atributos anticipaban el peligro de infidelidad en los hombres. Los hombres que son estimulados efectivamente (llamado "afinidad por la excitación sexual") y los hombres que están excesivamente preocupados por la decepción de la ejecución sexual están obligados a ser infieles. El descubrimiento se origina en una investigación de casi 1,000 personas. En el ejemplo, el 23 por ciento de los hombres y el 19 por ciento de las damas anunciaron que estaban socavando sistemáticamente a su pareja.

Para las mujeres, los principales indicadores de infidelidad fueron la felicidad en la relación (las mujeres que están molestas en su relación son dos veces más propensas a hacer trampa) y están explícitamente fuera de sincronía con su pareja (una circunstancia que hace que las mujeres sean muchas veces más propensas a engañar que las damas que se sienten explícitamente perfectas con sus parejas).

Asegure su Relación

1. Planificación de la tentación. Las personas pueden crear procedimientos de adaptación para seguir dedicandose a una pareja.

    Una progresión de estudios extraordinarios conducidos por John Lydon, analista de la Universidad McGill en Montreal, observó cómo las personas en una relación sujeta responden incluso con encanto. En una investigación, se solicitó a personas casadas profundamente dedicadas que calificaran la calidad del compromiso de los individuos del sexo opuesto en una serie de fotografías. Como cualquiera podría esperar, dieron las valoraciones más notables a aquellas personas que comúnmente podrían considerarse atractivas.

    Luego, se les mostraron fotografías similares y se les dijo que el individuo estaba deseando obtenerlas. En esa circunstancia, los miembros dieron a esas fotos puntuaciones más bajas que las que habían obtenido en la primera visita.

Cuando fueron atraídos por alguien que puede socavar la relación, parecieron intuir que sabían: "No es tan bueno". "Cuanto más dedicado sea", afirmó el Dr. Lydon, "menos atractivo es descubrir a otros individuos que socavarán su relación".

Otros analistas de McGill afirmaron diferencias en la forma en que las personas responden a tales peligros. En uno de ellos, se adquirieron atractivos animadores o personajes en pantalla para jugar con los miembros del estudio en un área de descanso. Después, se les preguntó a los miembros sobre sus conexiones, especialmente cómo reaccionarían ante el horrible comportamiento de una pareja, como llegar tarde y no llamar.

Los hombres que recientemente habían sido objeto de burla fueron menos indulgentes con el terrible comportamiento teórico, recomendando que el atractivo animador había agotado inmediatamente su responsabilidad. En cualquier caso, las damas que habían sido objeto de burla estaban obligadas a perdonar y racionalizar al hombre, recomendando que su anterior burla había provocado una reacción defensiva al examinar su relación.

"Creemos que los hombres en estos exámenes pueden haber tenido responsabilidad, sin embargo, las mujeres tuvieron el curso de acción de emergencia — la opción de apelación activa la alerta", dijo el Dr. Lydon. "Las damas ciertamente codifican eso como un peligro. Los hombres no."

La investigación también analizó si un individuo puede estar preparado para oponerse a la tentación. El grupo provocó que los hombres que estaban en una relación amorosa se encontraran con una mujer atractiva al final de la semana cuando sus novios no estaban. Una parte de los hombres se acercaron para construir un curso de acción alternativo rellenando la frase "Cuando ella se acerque a mí, voy a _____ para asegurar mi relación".

Como los especialistas no podían conseguir moralmente una dama genuina para que les sirviera de estímulo, recrearon un juego de simulación generado por computadora en el que dos de cada cuatro habitaciones incluían imágenes subliminales de una dama seductora. Una gran parte de los hombres que habían trabajado en la atracción opuesta evitaban las habitaciones con damas seductoras; sin embargo, entre los hombres que no habían pulido la obstrucción, dos de cada tres se inclinaban hacia la sala de atracción.

Obviamente, es un estudio de laboratorio y, en general, no nos revela lo que puede suceder en realidad con una mujer o un hombre genuino que lo inciten a alejarse de su relación. Sea como fuere, si se estresa puede estar indefenso contra el atractivo en una excursión al trabajo, practique la obstrucción, recordándose los medios que tomará para mantenerse alejado de la tentación y asegurar su relación.

2. Mantenga su relación interesante. Los investigadores plantean la hipótesis de que su grado de deber puede depender de cuánto una pareja mejore su vida y expanda sus perspectivas — una idea que el Dr. Aron, el educador

de ciencias del cerebro de Stony Brook, llama "autoextensión".

Para cuantificar esta cualidad, a las parejas se les plantea una serie de preguntas: ¿cuánto le da su pareja una fuente de encuentros energizantes? ¿Qué cantidad le ha llevado a comprender que su pareja le ha convertido en un individuo superior? ¿Qué cantidad considera que es como un enfoque para hacer crecer sus propias habilidades?

Los especialistas de Stony Brook dirigieron las pruebas utilizando ejercicios que animaron el autodesarrollo. Algunas parejas recibieron recados ordinarios, mientras que otras participaron en un ejercicio sin sentido donde se integraron y se les pidió que se arrastraran sobre alfombras, conduciendo la cámara con sus cabezas. La investigación se arregló para que las parejas bombardearan lo más posible en los dos intentos iniciales, pero apenas lograron hacerlo en el tercero, lo que provocó un gran festival.

A las parejas se les hicieron pruebas de relación cuando finalizaron. Los individuos que habían participado en la difícil acción registraron incrementos más notables en la adoración y el desarrollo de la relación que los individuos que no habían experimentado el triunfo juntos. Los científicos estiman que las parejas que investigan nuevos lugares e intentan nuevas cosas se aprovecharán de los sentimientos de auto-desarrollo, elevando su grado de deber.

3. Mantenga una distancia estratégica para la oportunidad. En una revisión, los terapeutas de la Universidad de Vermont preguntaron a 349 personas en conexiones

presentadas sobre sueños sexuales. Completamente el 98 por ciento de los hombres y el 80 por ciento de las mujeres anunciaron haber imaginado una experiencia sexual con alguien que no era su pareja en los últimos dos meses. La pareja más prolongadas era una sola, casi seguro que los dos cónyugues iban a reportar tales sueños.

Sea como fuere, hay una gran diferencia entre fantasear sobre la traición y terminar realmente. El factor de riesgo más fundamentado para la infidelidad, según descubrieron los analistas, no existe dentro del matrimonio sino fuera: la circunstancia.

Durante un período considerable de tiempo, los hombres normalmente han tenido la mayor probabilidad de engañar a su pareja debido a largos períodos de tiempo en el lugar de trabajo, viajes de negocios y autoridad sobre los fondos familiares. Sea como fuere, hoy en día, las dos personas pasan horas en el lugar de trabajo y viajan por negocios. Además, a pesar de las mujeres que permanecen en casa, los teléfonos celulares, el correo electrónico y los mensajes de texto tienen todas las características de permitirles enmarcar conexiones cada vez más indirectas fuera de sus relaciones. Posteriormente, su oportunidad más obvia de devoción es restringir las aberturas que puedan permitirle desviarse. Las personas sujetas a su relación se mantienen alejadas de circunstancias que podrían provocar decisiones terribles - como hospedaje en bares y tardes con los socios.

4. Imagine a su amante. Todos nos damos cuenta de que a veces, cuanto más intenta oponerse a algo, como un postre o un cigarrillo, más lo desea. Los especialistas en relaciones afirman que una directriz similar puede afectar a un

individuo que ve a un hombre o una mujer que está interesado en ellos. Cuanto más considere oponerse a esa persona, más tentadora se volvera para usted. En lugar de hacerse saber "Sé grande. Oponte", el mejor procedimiento es comenzar a considerar a la persona que aprecia, la cantidad que te quiere y lo que agrega a su vida. Concéntrese en adorar las contemplaciones y el deleite de su familia, no el deseo sexual de su pareja: el objetivo aquí es reprimir el deseo sexual, no despertarlo.

Capítulo 3 - Acumulación de Hábitos

¿Qué es el Acumulación de Hábitos?

La humanidad no debe actuar moralmente correcta sólo porque sea para el beneficio general de la sociedad. La razón de esto es porque la moral forma un aspecto esencial para mantener la identidad de las personas que viven en una comunidad. Existe una estrecha relación entre el desarrollo personal y la moralidad, y los psicólogos en la actualidad consideran que la moralidad cambia correspondientemente con el desarrollo personal. Los gestos y comportamientos de los individuos dentro de la sociedad dependen de su capacidad de actuar moralmente correctos.

Reconocidos psicólogos como Jean Piaget, Elliot Turiel y Lawrence Kohlberg afirman que la moral se desarrolla a través de etapas cognitivas en la vida de un individuo. La razón de esto es porque el individuo accede a diferentes niveles de información a medida que crece, madura y se vuelve más inteligente. La necesidad de actuar de manera moral, no debe ser para el beneficio de la comunidad en general, sino también para las etapas de desarrollo en el individuo. La moral en un individuo continúa desarrollándose mientras interactúa con otros en la sociedad, y esto es crucial para determinar sus comportamientos y actitudes.

Las personas no deben actuar de manera moral solo en beneficio de la sociedad porque tiene una influencia significativa en la auto-imagen moral de un individuo. Los miembros de la comunidad siempre intentan actuar de manera moral debido a un sentido de responsabilidad y colectividad. Mantener una buena auto-imagen moral influye en el comportamiento de un individuo porque lo hace sentir seguro o lo priva de él. La confianza en la auto-imagen de un individuo tiene un impacto en la forma en que se socializará con el resto de la comunidad.

Existe una relación muy estrecha entre la moral y la religión en la sociedad. Las personas no deberían elegir actuar de manera moral simplemente porque es una ventaja general de la sociedad. Las enseñanzas religiosas muestran que la moralidad debe ser el tejido de todas las comunidades que viven en el mundo porque el buen comportamiento acerca a los seres humanos a Dios. Establecer un buen ejemplo desde un sentido individual crea conciencia para todos los miembros de la comunidad. Todas las religiones enfatizan el hecho de que la personalidad de Dios es la de un Santo, y los seres humanos siempre deben tratar de replicar esto a medida que fueron hechos a su imagen y semejanza.

Las religiones han demostrado ser críticas en el tratamiento de diferentes dilemas morales que afectan a la sociedad. El hinduismo, por ejemplo, especifica que matar está mal, pero hay circunstancias en la vida donde podría estar justificado. Dichas justificaciones son posibles gracias a una comprensión más amplia de la religión, a pesar del hecho de que no hay sinonimia entre religión y moralidad. La vida de cada individuo debe ser considerada al tomar decisiones cruciales, y esa es la razón por la cual las religiones como el hinduismo reconocen al individuo sobre toda la comunidad cuando es necesario.

Esto es una prueba más del hecho de que las personas no deberían actuar moralmente correctos solo por el beneficio de la comunidad. Su propia capacidad para vivir e interactuar con todos los demás en el mundo dependerá de su capacidad para desarrollar comportamientos morales. Los sistemas de valores religiosos y morales solo coexisten porque los principios ofrecen un reflejo de la forma en que la humanidad debe conducir sus vidas. Los marcos teóricos contemporáneos como el humanismo y el pensamiento libre también exhiben signos de sinonimia con la religión. La razón de esto es porque enfatizan que la sociedad solo puede progresar a través de la fe y la contribución de cada individuo.

Las personas tampoco deberían considerar actuar moralmente solo para el beneficio general de la sociedad porque el progreso humano y la libertad dependen de ello. Varias personas en el mundo desean ser verdaderamente libres de cualquier sistema que les pese la vida, pero la definición de libertad a veces es confusa. Según el filósofo Immanuel Kant, los seres humanos son racionales y, por lo tanto, capaces de una verdadera libertad. Cuando las personas actúan libremente, están cumpliendo un deber en la sociedad porque no hay inclinación a sus acciones. Esto significa que actuar de manera moral ayuda a un individuo a desarrollar su propia comprensión del mundo sin beneficiar directamente a la comunidad en general.

Las acciones morales proporcionan un sentido del deber en las personas que proporcionan una motivación adicional para ser responsables. La moral hace que las personas trabajen de manera coordinada, y esto siempre ofrece la esperanza de un futuro brillante. Actuar de manera moral es beneficioso para un individuo porque ayuda a crear un sentido de propósito en la vida a través de la unión con otras personas. La experiencia de la vida se vuelve mucho más emocionante y tolerable cuando se actúa de manera moral porque se hace más fácil socializar e interactuar con otras personas.

Las acciones morales ayudan a inspirar el progreso colectivo y la evolución en los individuos. El cambio es la única constante en el mundo que determina cómo se forman y sobreviven las sociedades a través de los tiempos. La consecuencia directa es que las personas solo pueden lograr un verdadero progreso personal actuando de manera moral porque une a todos. Las civilizaciones y las sociedades modernas no habrían podido formarse a través de la historia si no hubiera un sentido de moralidad en las sociedades humanas. La razón de esto es porque actuar de manera moral proporciona al individuo una idea de la necesidad de trabajar juntos para superar la vida.

Las personas no deben actuar moralmente solo porque es una ventaja general para la sociedad, ya que la verdadera felicidad está determinada por las acciones morales. Los psicólogos sugieren que los actos morales como la bondad y la fidelidad crean una sensación de paz y pertenencia en los individuos. La verdadera felicidad en la vida solo se puede lograr a través del amor, y esto inspira a un individuo a realizar acciones morales. Las acciones morales ofrecen un sentido de propósito y deber, y este sentido de responsabilidad proporciona felicidad genuina en la vida de un individuo. El beneficio directo para la comunidad es obvio porque tales individuos pueden interactuar muy bien con la sociedad, pero realizar acciones morales también proporciona una sensación de alegría por vivir la vida.

Creo que tengo un buen carácter moral porque mi idea de integridad se basa en la bondad, el respeto mutuo y el amor. Una persona de alta integridad, según yo, es alguien que está listo para ayudar a otros y mostrar un alto nivel de amabilidad a pesar de que no están siendo recompensados por sus esfuerzos. Del mismo modo, un individuo que puede respetar no solo a las personas que lo rodean, sino también al entorno natural, entonces ese individuo es digno de una alta integridad según yo.

Las virtudes que practico son la templanza y la justicia porque creo que debemos tratarnos a nosotros mismos y a los demás de manera respetuosa. Creo que afirmar el estado de justicia en la sociedad es importante, y esto da como resultado una templanza entre la población que es buena para la productividad. Las virtudes que aspiro a practicar son el coraje y la prudencia; El coraje se refiere a la valentía interior para afrontar desafíos difíciles sin renunciar. La prudencia se refiere al acto de ser cauteloso, y esto se refleja en mi renovado interés por siempre investigar y buscar conocimiento antes de tomar decisiones.

La teoría ética que trato de seguir es la teoría de la ética de Kant que enfatiza las acciones morales que se caracterizan por cumplir con las responsabilidades / deberes del individuo. Según la teoría, la decisión entre el bien y el mal está determinada por si la acción específica cumplió un deber predeterminado. Por lo tanto, la consecuencia general de la acción no determina si es correcta o incorrecta, y ser bueno está determinado por la ley moral que se aplica a todos, independientemente de sus intereses. Por lo tanto, esta teoría ética enfatiza la necesidad de tratar a todos por igual en la sociedad como una medida de ser bueno y moralmente respetable en la sociedad.

Creo que la ética juega un papel muy importante en mi vida porque no sería posible para mí ser feliz sin tratar de ser ético. La ética no se trata solo del individuo, sino de sus interacciones con el resto de la comunidad y de cómo contribuyen al progreso general. Ser ético significa que el individuo es productivo porque puede contribuir respetuosa y felizmente al desarrollo y al avance de la comunidad. Sé que sería infeliz si intentara vivir sin tratar de ser ético porque todos los demás también me tratarían mal.

Valoro la ética en mi vida también porque me permite crecer como individuo moral y espiritualmente. Cuando un individuo se comporta de manera ética, puede aprender más sobre su comunidad e interactuar con un número cada vez mayor de personas. Al ser ético, puedo lograr mis objetivos con facilidad porque puedo interactuar con diferentes personas e instituciones con éxito. Ser ético es directamente responsable de que progrese en mi comprensión de la sociedad y de la mejor manera de contribuir a los avances.

La ética me ha proporcionado un conjunto de códigos morales que ofrecen una guía adecuada para cada acción que tomo. Como resultado de mi comprensión y valor para la ética, soy capaz de realizar diferentes actividades y administrar mi comportamiento de manera respetuosa. Un enfoque ético de la vida me ha permitido desarrollar mi carácter y respeto por otras personas en la sociedad. Puedo hacer amigos de todas las esferas de la vida, y atribuyo esto a valorar altamente la ética en mi ser, ya que juega un papel cada vez más importante para influir en mi vida ahora y en el futuro.

Cómo Aplicar el Acumulación de Hábitos a su Vida

Los hábitos son un enfoque innovador para hacer cambios positivos en su vida. La prueba incluye nuevos hábitos y pone fin a las propensiones desafortunadas.

Sea como fuere, puede apilar el mazo de hábitos para apoyarse. Más inequívocamente, puede estructurarse para progresar apilando hábitos, o hábitos para apilarlos. La acumulación de hábitos es solo conectar una cadena de pequeñas actividades en un horario diario, donde la totalidad del todo es más que las piezas.

Desarrolle el Hábito de Seguir la Rutina

La forma de acostumbrarse a apilar los hábitos es desarrrollar el hábito de realizar la práctica diaria. La rutina debe consolidar los hábitos en un flujo directo que pueda realizar. La reiteración le permitirá crear los hábitos. En general, se trata de recurrencia y transmisión.

La forma de apilar los hábitos es adherirse al programa diario en lugar de los hábitos individuales. Necesita pasar naturalmente de una actividad directa a la siguiente sin considerar cada parte individual. Por eso es imperativo crear el hábito de seguir el programa diario.

Cuando esté listo para desarrollar los hábitos sin interrupciones o vacilaciones, ese es el punto en el que se da cuenta de que ha desarrolado una costumbre de acumulación de hábitos increíble.

Aquí están las 8 etapas para estructurar un programa de acumulación de hábitos;

1. **Elija una Hora y un Lugar.**
   Construya un horario diario alrededor de un área específica, hora del día o una combinación de ambos.

2. **Construya una Rutina a la Vez.**
   Concéntrese en cada programa diario, ya que disminuye la medida del consumo de su resolución. Se sugiere que se centre en una nueva práctica diaria durante un mes antes de poner en marcha cualquier mejora o incremento.

3. **Empiece con "Pequeños Triunfos".**
   Mire a través de los territorios en su vida donde los pequeños éxitos le devolverían el dinero. Las 7 clases de hábitos son:

   - Conexiones
   - Recreación
   - Asociación
   - Rentabilidad
   - Fondos
   - Bienestar / bienestar físico
   - Otro mundo / prosperidad

4. **Haga una Lista de Verificación Lógica.**

Haga una agenda básica de sus hábitos y actividades requeridas para lograr cada hábito. Se sugiere que los hábitos cooperen y fluyan sin problemas. También se sugiere que su agenda de hábitos refleje el movimiento comenzando con una habitación y luego a la siguiente para mantener el flujo de avance.

5. **Tener una "Motivación detrás del por qué".**
Tenga una justificación válida del por qué detrás de cada actividad individual con el objetivo de que no se detenga. Algunas personas reciben procedimientos de acumulación de hábitos para permitirles vivir más, mientras que otros los aceptan para invertir más energía con sus familias

6. **Sea Responsable.**
Es cada vez más simple no hacer nada que hacer un movimiento. Refrescando a las personas en nuestro avance para permitirle quedarse con él. Por ejemplo, Scott probó una balanza que tuitea su peso.

Sea como fuere, otro enfoque para seguir siendo responsable es estructurarlo. Tener precaución en su teléfono para que empiece a utilizar su horario todos los días. Intente la aplicación de levantamiento en base a que funciona admirablemente.

7. **Haga Pequeñas y Agradables Recompensas.**
Recompénsese con pequeños obsequios por superar su horario todos los días durante una semana o un mes. Se prescribe que mantenga poca la recompensa y elija compensaciones que tengan una influencia positiva a largo plazo, por ejemplo, una película, una salida nocturna o un pequeño obsequio sólido.

8. **Concéntrese en la Repetición.**
   La repetición de la rutina ayuda a aumentar su memoria muscular. La repetición es clave para los primeros 30 días del acumulación de hábitos.

Caso de una Rutina de Acumulación de Hábitos Productiva

Establecer un comodín para la tarea principal. (Motivo: me gusta trabajar en pequeños intervalos de tiempo.

Auditar mis objetivos trimestrales. (Razón: revisar los objetivos de tres meses una vez al día me alienta a concentrarme en mis empresas más importantes).

Como debería ser obvio, Scott se fortalece realizando pequeñas actividades, abandonando un hábito a lo siguiente y teniendo una motivación detrás del por qué, de modo que se da cuenta de lo que está tratando de lograr y por qué lo está haciendo.

Identificar mis tres empresas más significativas. (Motivo: si bien tengo una larga lista de todo lo que debería estar terminado durante la semana, me gusta concentrarme en lograr un par de verdaderas 'victorias' para cada día).

Guiar los pasos de la actividad y los logros específicos para cada empresa. (Razón: debería ser exacto con las diligencias más significativas. En lugar de registrar una explicación poco clara, por ejemplo, 'intentarlo con en el próximo libro', registro los resultados específicos que me gustaría lograr).

Comenzar con el recado más molesto. (Motivo: como hemos examinado, cuando te centras en la tarea más difícil primero, el resto del día no parece tan difícil. Para mí, ese recado subyacente consistentemente incluye algún tipo de composición).

Investigué los 100 principales libros gratuitos y de pago en el escaparate de Kindle. (Motivo: desde el punto de vista comercial, es imprescindible controlar lo que se vende ahora en mi mercado).

Específicamente, escribo en intervalos de 25 a 50 minutos, utilizando una adaptación modificada de las Técnicas del comodín. Esta es una forma más en la que puedo concentrarme en el trabajo que hay que hacer).

Despejar mi área de trabajo. (Motivo: me gusta comenzar a trabajar con un área de trabajo ordenada. Por fin eso me anima a permanecer concentrado en tareas específicas y no desviarme).

Gestión de Inconvenientes y Desafíos Durante el Acumulación de Hábitos

Se producirán percances, resbalones, desvíos e interrupciones. La pregunta es, ¿qué hará al respecto? En cualquier caso, una pregunta superior es, ¿de qué manera se reenfocará rápidamente cuando sea necesario?

Tiene que darse cuenta de cómo manejar los inconvenientes y cómo reenfocar.

Hay un par de procedimientos clave para permitirle manejar los inconvenientes y reenfocar:

Procedimiento 1: Reduzca las expectativas generales. Una cantidad excesiva de peso sobre usted puede causar una respuesta negativa. Por el contrario, centrese en la base, se concentra en los hábitos que son generalmente significativos.

Procedimiento 2: Tenga un plan If-Then. Se producen inconvenientes. Su responsabilidad es hacer un arreglo para cuando ocurran esos detonantes. Reconozca que ocurren interrupciones y no se debilite. Además dice que se disculpe rápidamente y siga adelante para que pueda reenfocarse.

Procedimiento 3: Comience pequeño (de nuevo). Comenzar una vez más puede ser desalentador, sin embargo, eso es lo que hay que hacer para tener éxito. Busque pequeños éxitos y concéntrese en cumplir con su práctica diaria en lugar de concentrarse en la duración de la misma. Puede incluir más hábitos después de tener un manejo firme de su horario diario.

Procedimiento 4: Conozca los factores desencadenantes. Para hacer un plan If-Then debe conocer sus factores desencadenantes. Sus desencadenantes o detonantes son las desviaciones y las desafortunadas propensiones que lo desvían de su camino o lo que estaba haciendo. Controle sus hábitos negativos para permitirle desarrollar su práctica diaria.

Beneficios del Acumulación de Hábitos

Ejercicio, reflexión, preparación de fiestas, diario y lectura. ¿Qué comparten estas cosas en la práctica? Son pequeños hábitos que he adoptado para permitirme ser progresivamente beneficioso, vivaz y estimulado.

Mis mañanas incorporan tiempo para la reflexión, una dieta inteligente y cuidado, sin embargo, no fue siempre fue así.

Todo comenzó cuando elegí practicar antes que nada. Esto implicaba que necesitaba convertirme en un individuo matutino.

Después de un rato, practicar en la primera parte del día se convirtió en un hábito que asentó la base para diferentes hábitos: comencé a decidirme sobre mejores decisiones sobre mi alimentación, comencé a preparar la cena, comencé a beber más agua.

Apilé un hábito tras otro.

¿Qué es el Acumulación de Hábitos?

La acumulación de hábitos significa desarrollar un hábito y apilar otro hábito encima. El nuevo hábito puede estar relacionado con una desviación, o muy bien puede ser un hábito totalmente diferente que necesita crear. La idea es que comience poco a poco y acumule un hábito tras otro.

Ajuste SU RUTINA:

Organizar su horario matutino ayuda a establecer el ritmo para el resto del día: le permite entrar en la mentalidad correcta, aumentar la velocidad hacia un día mejor y aumentar su satisfacción personal general. Las investigaciones realizadas demuestran que los individuos matutinos son cada vez más proactivos en sus vidas. Como lo indica la Journal of Applied Social Psychology, las personas que, en general, se levantan a tiempo alrededor de una hora similar en los días de semana y los fines de semana tienen una "capacidad más prominente de hacer un esfuerzo para cambiar una circunstancia y aumentar el beneficio potencial de uno".

Cómo Funciona el Acumulación de Hábitos

1. Identifique un hábito que necesite crear y sea específico sobre su actividad:

Con respecto a la creación de un hábito, absténgase de dudar sobre lo que desea lograr. Por ejemplo, en lugar de decir: "Necesito leer un libro cada mes", registre su hábito de una manera cada vez más sólida, "Necesito leerlo durante 20 minutos todos los días". O "Necesito leer detenidamente durante una hora los domingos por la mañana". Es posible que tenga un objetivo como principal preocupación, pero convertirlo en un hábito puede permitirle alcanzar o incluso superar su objetivo y capacitarlo para mantener ese hábito durante un período de tiempo más prolongado.

2. Busque el momento ideal para terminar el hábito:

Prepárese para el progreso y ubique un momento sensato en su día para fusionar su hábito. Por ejemplo, aprecia levantarse antes de lo programado para hacer ejercicio, sin embargo, también me se da cuenta de que una sesión de campamento de entrenamiento a las 5 a.m. es mucho para usted. No se siente tan apasionado y consciente como para conducir su cuerpo durante una sesión de tiempo, entonces también implica que necesita despertar alrededor de las 4:30 a.m. para ponerlo en marcha. Más bien, se adhiere a una sesión a las 6 a.m., ya que está obligado a estar consciente durante ese tiempo, cada vez más inclinado a expandir su actividad y completarla.

3. Desarrolle y continue el progreso de su hábito:

Crear otro hábito requiere cierta inversión. Aquí hay un par de cosas que puede hacer para seguir siendo responsable, entusiasmado y positivo mientras intenta establecer otro hábito.

Aplicaciones: intente utilizar algunas mejoras para el hábito y seguir las aplicaciones, por ejemplo, Productivo, Hoy, o Listo. Estas aplicaciones lo ayudan a ver su mejora a largo plazo, lo capacitan para construir una racha y lo hacen sentir alegre después de completar un hábito.

Horario o diario: llevar un diario o un horario y observar cómo se siente son enfoques increíbles para considerarse responsable y evaluar su avance. Piense en utilizar el Planificador de la Pasión o el Planificador del Panda que ayuda a complementar y potenciar sus esfuerzos para la formación de hábitos.

Compañero de responsabilidad: identifique a un compañero de responsabilidad, ya sea cara a cara, por teléfono o almacenando contenidos. Establezca una llamada semanal o reúnase con un compañero para registrarse y vigilar su desarrollo o cree un contenido de recopilación con personas que puedan mantenerlo persuadido y ayudarlo a recordar por qué comenzó.

4. Cuando desarrolle otro hábito, identifíquelo:
   Un hábito fundamental es un hábito que desencadena otros buenos hábitos. Por ejemplo, practicar es un hábito fundamental que puede causar otros ejemplos positivos en su vida. Un hábito fundamental desencadena un cambio general.

Por ejemplo, los especialistas en familias estatales que comen juntos parecen criar a los niños con mejores aptitudes para el trabajo escolar, evaluaciones más altas, muestran un control apasionado más prominente y demuestran mayo certeza. La idea es que un pequeño hábito puede transmitirse a otros grandes hábitos.

Practicar cada día podría permitirle sentirse menos concentrado, progresivamente vivaz y ayudarlo a comer mejor.

Su Acumulación de Hábitos en Efecto

Mis hábitos matutinos tienen una razón o importancia específica: me hacen sentir optimista, me dan un punto de vista edificante en la vida y me preparan para el progreso. Esta es sólo una pequeña descripción de cómo he acumulado mis hábitos matutinos.

Una de mis cosas preferidas en mis hábitos matutinos incluye escribir un diario o componer, ya que tengo la oportunidad de registrar mis propósitos y objetivos para la tarde.

Consejos para el Éxito en el Acumulación de Hábitos

Hay un par de cosas que puede hacer para ayudar con el avance de su hábito.

Pruebe la consistencia: un horrible festín no le hace ser indeseable, al igual que un plato de verduras mixtas no le hace un buen individuo. Es su acto principal después de un tiempo lo que importa. Si no hace su hábito algún día, no sea tan duro consigo mismo y recuerde que la consistencia es lo más importante en todo el asunto.

Mantenga una distancia estratégica de la auto-agresión: Lo ha estado haciendo extraordinario con la práctica y la creación de alternativas de sustento sólidas. Trate de no interrumpir sus esfuerzos comiendo cinco cortes de pizza, un saco de papas fritas y un paquete de golosinas. Los avances graduales son la forma de progresar al enmarcar un hábito. Comience poco para no prepararse para la decepción.

Comience ahora: ¿necesita comenzar a hacer ejercicio? Comience a fabricar su hábito cuando diga que necesita hacerlo. Obtenga las zapatillas de correr, pruebe distintas prendas de vestir y programe o solicite aplicaciones para mantenerlo responsable y controlar su desarrollo.

Enfoque para Apilar Hábitos en la Mañana

Su mañana a partir de ahora comprende hábitos, por ejemplo, preparar la cama o leer las noticias. Aquí hay algunas pequeñas aproximaciones a los hábitos de la mañana.

- Descanso: acuéstese a una hora razonable y levántese al mismo tiempo de forma consistente sin necesidad de hacer un Descanso.
- Objetivos: escriba tres compromisos que le gustaría lograr todos los días.
- Bienestar: haga ejercicio durante 30 minutos todos los días.
- Sustento: comer un desayuno nutritivo.

Estos hábitos pueden ayudar a garantizar que esté bien renovado, estimulado, menos presionado y preparado para manejar todos los días con la actitud y la razón correctas.

Capítulo 4 – Autodisciplina

¿Qué es la Autodisciplina?

El auto-control se muestra en diferentes estructuras, por ejemplo, constancia, limitación, perseverancia, pensar antes de actuar, terminar lo que comienza a hacer, y tiene la capacidad de hacer sus propias elecciones y planes, sin tener en cuenta la carga, las dificultades o los elementos disuasorios.

El auto-control también implica discreción, la capacidad de esquivar la desafortunada abundancia de cualquier cosa que pueda provocar resultados negativos.

Uno de los atributos principales del auto-control es la capacidad de prescindir del momento y la pronta gratificación y deleite, para una adición más notable o resultados más satisfactorios, independientemente de si esto requiere esfuerzo y tiempo.

El término auto-control con frecuencia causa cierta angustia y obstrucción, debido al pensamiento incorrecto de que es algo terrible, difícil de lograr y que requiere una gran cantidad de esfuerzo y sacrificio. Considerando todo esto, practicar y lograr el auto-control puede ser divertido, no requiere esfuerzos extenuantes, y las ventajas son extraordinarias.

El auto-control genuino definitivamente no es un estilo de vida correccional o prohibitivo como ciertas personas pueden sospechar, y no tiene nada que ver con ser extremista o vivir como un fakir. Es la declaración de la calidad interna y columna vertebral, crucial para gestionar los compromisos de la vida cotidiana y para el logro de los objetivos.

El auto-control, junto con la determinación, puede permitirle vencer la apatía, la pérdida del tiempo y la incertidumbre. Estas aptitudes hacen que sea posible hacer un esfuerzo y avanzar con él, independientemente de si la actividad es molesta y requiere sacrificio.

La moderación le permite practicar el equilibrio en lo que hace, ser progresivamente persistente, tolerante, comprensivo y amable. Del mismo modo, hace que soporte el peso exterior y el impacto.

Un individuo autodidacta es progresivamente confiable y pone más tiempo y esfuerzo en lo que hace.

Un individuo autodidacta está obligado a asumir la responsabilidad de su vida, establecer objetivos y encontrar la manera de lograrlos.

El auto-control está muy representado en la anécdota sobre la liebre y la tortuga, quienes dirigieron una carrera entre ellos.

La liebre se dio cuenta de que era más rápida, por lo que se permitió dormir en la carrera. Al mismo tiempo, la tortuga avanzó con dificultad, pero con resolución y auto-control, a la larga descubrió cómo llegar primero al objetivo final.

Al igual que la tortuga, con auto-control, puede completar lo que empieza.

Aquí hay un par de declaraciones sobre este significativo punto:

La moderación comienza con la autoridad de sus consideraciones. Si no controla lo que cree, no podrá controlar lo que hace. Simplemente, la moderación le permite pensar primero y actuar un poco más tarde.

El orden realmente implica nuestra capacidad de conseguir que hagamos cosas cuando no las necesitamos

La moderación es un tipo de oportunidad. Oportunidad de la lentitud y la pereza, la oportunidad de los deseos y solicitudes de los demás, la oportunidad de las deficiencias y el temor y la incertidumbre. La moderación le permite al lanzador sentir su distinción, su cualidad interna, su habilidad. Es un as, en vez de un cautivo de sus contemplaciones y sentimientos.

Durante bastante tiempo, nos enfrentamos a varias opciones. Un estado anormal de discreción nos permite encontrar la opción que es más útil a largo plazo. Esta capacidad nos hace resistir la tentación de elegir la opción más agradable o placentera. Decidir sobre el arreglo más fácil puede ser muy atractivo, pero solo por un breve período. En el momento en que se ve desde un punto de vista de largo alcance, considerando todo, ninguna de estas "opciones agradables" se suma a su prosperidad.

El peligro radica en que las elecciones que le alegran normalmente no afectan negativamente a su vida en una fracción de segundo cuando se toman de forma independiente. Siempre que se unan, sea como sea, el conjunto de todas estas elecciones no beneficiosas a corto plazo darán forma a su vida y, por fin, decidirá su destino.

- La Definición de Autodisciplina.
- La capacidad de prepararse y controlar su dirección.
- La capacidad de hacer las cosas que deben ser terminadas.
- La capacidad de controlar las propias emociones y deseos.

El auto-control retrata la calidad mental vital que se requiere para controlar los comportamientos, emociones y deseos. Si uno es autocontenido, demuestra que las emociones y los deseos propios se nivelan. Además, demuestra que uno puede despertarse para manejar las tareas y los problemas que deben ser atendidos. Si tiene un estado anormal de auto-control, no evitará las dificultades y las obstrucciones que lo obstaculizan.

Una Explicación sobre la Autodisciplina

El auto-control no solo representa la resolución fundamental requerida para hacer lo que se debe terminar. También caracterize la capacidad de resistir las tentaciones para alcanzar objetivos a largo plazo. Esencialmente, es su capacidad de ignorar todo lo que no se suma al logro de sus intereses. Esto incorpora contemplaciones, emociones y tentaciones. De hecho, el auto-control lo alienta a resistir la tentación de los ejercicios de distracción.

A pesar del hecho de que todos luchamos para que nos enseñen lo suficiente para realizar cosas desagradables, hay individuos que son más responsables de sí mismos que otros. Deberíamos examinar una parte del motivo principal por el que los individuos luchan por el equilibrio:

Los Motivos de la Falta de Autodisciplina

La motivación significativa detrás del por qué la gran mayoría lucha por actuar de manera natural se basa en una percepción errónea de la idea fundamental. La mayoría de las personas malinterpretan lo que realmente implica el equilibrio. Estas personas asocian el auto-control con algo insoportable o exagerado. Desean que el entrenamiento sea simple y placentero. En consecuencia, en cualquier momento que estas personas intenten ser entrenadas progresivamente, terminará siendo una batalla que simplemente no les parecerá apropiada. No les importa en absoluto, razón por la cual vuelven rápidamente a su rango habitual de familiaridad.

Este es el punto de vista significativo en el que estas personas no piensan con respecto al auto-control:

La única razón de la idea de control es hacer que las cosas se hagan, sin importar si es placentero o no.

Por lo tanto, la expectativa detrás de la moderación no es darle alegría y euforia. Su único objetivo es permitirle alcanzar sus objetivos a largo plazo. En cualquier caso, ¿por qué razón sería aconsejable que desarrolle algo que no le dé felicidad? El propósito detrás de esto es básico. Cada uno de sus esfuerzos y tormentos son remunerados una vez que hace realidad sus fantasías. Además, esta es simplemente la verdadera motivación detrás de por qué es tan ventajoso ser un individuo instruido adecuadamente. En general, puede no sentirse bien cuando se obliga a permanecer entrenado, en cualquier caso, su recompensa se le retribuirá.

¿Qué es el Auto-control?

La restricción se manifiesta en una amplia gama de estructuras.

Esto es lo que puede hacer si está luchando con el auto-control.

Como cuestión de primera importancia, intente evacuar el deseo de que algún día realmente le pueda gustar ser controlado. Gran parte del tiempo, no lo hará. Sea como fuere, si no anticipa que las cosas sean simples, seguramente continuará con la búsqueda de la enseñanza. A decir verdad, cuando anticipa que las cosas deberían ser difíciles, tendrá la opción de administrar las batallas que experimentará.

Además, es importante que se conduzca constantemente para mantener la discreción. Hacerlo le ayudará a establecer el hábito de estar controlado. Este hábito no afectará exclusivamente aspectos importantes de su vida; sin embargo, también le permitirá ampliar sus probabilidades de tener éxito.

Aquí hay algunas razones más por las cuales las personas necesitan equilibrio:

- El auto-control no es característico. Debe ser creado, fortificado y resuelto. En cualquier caso, la gran mayoría piensa que es difícil hacerlo como tal. Si no tiene la más remota idea de cómo desarrollar y fortalecer con éxito el equilibrio, será realmente difícil crearlo.

- Una mala interpretación de la discreción. Muchos ven erróneamente el auto-control como algo prohibitivo y difícil. Consideran que es habitual y dudan en reforzarlo.

- El reconocimiento de la decepción también puede agregarse a la ausencia de discreción. En el momento en que las personas puedan vivir con la posibilidad de fracasar, será difícil mantener el auto-control.

- Atracciones. En general, todos los días enfrentamos diferentes tipos de atracciones. Rendirse a estas atracciones lleva después a un bucle sin fin. Si no tiene la resolución esencial para resistir estas tentaciones, será considerablemente difícil poner fin al hábito negativo.

- Ausencia de dirección. Un individuo que no tiene una visión genuina de la vida descubrirá que es cada vez más difícil cuidar el orden. En cualquier caso, si tiene una misión que necesita ver reconocida, seguramente tendrá el auto-control esencial para buscarla.

¿Qué tal si procedemos con el siguiente punto que nos ayudará a comprender mejor qué es el auto-control?

Beneficios de la Autodisciplina

Beneficios del Auto-control

El auto-control es una de las habilidades más significativas y útiles que todos deberían tener. Esta capacidad es fundamental en cada problema cotidiano y, sin embargo, la gran mayoría reconoce su importancia, no muchos planean algo para fortalecerla.

A pesar de la convicción habitual, el auto-control no significa ser brutal hacia uno mismo o continuar con un estilo de vida restringido y prohibitivo. El auto-control implica moderación, lo cual es una indicación de la calidad interna y el control de usted mismo, sus actividades y sus respuestas.

El auto-control le permite adherirse a sus elecciones y terminarlas, sin alterar su perspectiva y es, de esta manera, una de las necesidades importantes para lograr los objetivos.

La posesión de esta habilidad le permite soportar sus elecciones y planes hasta que los consiga. Además, se manifiesta como una cualidad interna, ayudándole a vencer las adicciones, el estancamiento y la apatía, y a terminar lo que sea que haga.

Desarrollar fuerza de voluntad y autodisciplina

Comience a construir su fuerza de voluntad y autodisciplina

Dirección y actividades para estructurar la resolución y el auto-control, conquistando la demora y la lentitud, recogiendo conclusiones y persistencia, y asumiendo la responsabilidad de su vida.

Desarrolle su fuerza de voluntad y autodisciplina

Uno de sus atributos principales es la capacidad de descartar la gratificación y el deleite del momento, para un aumento más notable, lo que requiere invertir esfuerzo y energía para obtenerlo.

El auto-control es uno de los elementos significativos de la realización. Transmite lo que debe ser de diversas maneras:

Persistencia.

La capacidad de no rendirse, a pesar de la decepción y las desgracias.

restricción.

La capacidad de oponerse a desvíos o tentaciones.

Intentando una y otra vez, hasta que consiga lo que se propuso a hacer.

La vida pone dificultades y problemas en el camino hacia el progreso y el logro, y para trascenderlos, debe actuar con diligencia y perseverancia, y esto obviamente requiere auto-control.

La propiedad de esta aptitud genera seguridad y confianza propia, y por lo tanto, alegría y satisfacción.

Por otra parte, la ausencia de auto-control provoca desilusión, desgracia, bienestar, problemas de conexión, peso, entre otros.

Esta experiencia también es valiosa para vencer los problemas dietéticos, las adicciones, fumar, beber y otros hábitos negativos. También lo necesita para sentarse y considerar, practicar su cuerpo, desarrollar nuevas aptitudes y para el desarrollo personal, profundo y la reflexión.

Como se dijo antes, la gran mayoría reconoce la importancia y las ventajas del auto-control, pero no muchos encuentran la manera de crearlo y reforzarlo. En cualquier caso, puede reforzar esta capacidad como alguna otra aptitud. Esto se hace a través de la preparación y las actividades, que puede descubrir en este sitio.

Beneficios e Importancia del Auto-control

El auto-control le anima a:

- Seguir intentando una aventura, incluso después de que la oleada de entusiasmo subyacente se haya desvanecido.
- Levantarse rápidamente al comenzar el día.
- Pensar con normalidad.
- Abstenerse de actuar sin pensar y con motivación.
- Satisfacer las garantías que se hace a sí mismo y a otras personas.
- Seguir con su rutina de alimentación, y oponerse a la tentación de comer en exceso para satisfacerse.
- Conquistar el hábito de observar mucha televisión.
- Derrotar la apatía y la vacilación.
- Empezar a leer un libro, hasta la última página.

Será más sencillo para usted reforzar su auto-control si:

Intente actuar y continuar como lo indican las elecciones que toma, prestando poca atención a la lentitud, la inclinación a demorarse o el deseo de rendirse y detener lo que está haciendo.

Comprenda su significado en su vida.

Puede fortalecer su auto-devoción sin importar si es frágil o no, con la ayuda de actividades básicas poco comunes, que puede ensayar en cualquier lugar o momento.

Sea consciente de su comportamiento indisciplinado y sus resultados. En el momento en que se desarrolle esta atención plena, se verá cada vez más convencido de la necesidad de implementar una mejora en su vida.

Cómo la Autodisciplina Puede Mejorar su Vida

No se puede reconocer ningún éxito, logro u objetivo cercano al hogar sin auto-control. Es el crédito más significativo que se espera que logre cualquier tipo de magnificencia cercana al hogar, brillantez atlética, virtuosismo en las expresiones de la experiencia humana o, en general, una ejecución notable.

¿Qué es el Auto-control?

Es la capacidad de controlar las propias fuerzas impulsoras, sentimientos, deseos y comportamiento el. Es tener la opción de rechazar la rápida alegría y la gratificación de momento para recoger el cumplimiento y la satisfacción a largo plazo de lograr objetivos más altos y progresivamente significativos.

Tener auto-control es tener la opción de decidirse por las opciones, tomar las actividades y ejecutar su estrategia, respetando poco los elementos disuasorios, inconvenientes o dificultades que puedan surgir en su dirección.

Sin lugar a dudas, ser disciplinado no significa vivir un estilo de vida restrictivo o prohibitivo. Tampoco significa renunciar a cualquier pretensión de todo lo que aprecia o dejar de divertirse y relajarse. Significa descubrir cómo concentrar su cerebro y energías en sus objetivos y aguantar hasta que se lleven a cabo. Del mismo modo, significa desarrollar una perspectiva mediante la cual sus decisiones conscientes lo guíen en lugar de sus sentimientos, patrones de comportamiento negativos o la influencia de los demás. El auto-control le permite alcanzar sus objetivos en un lapso de tiempo razonable y vivir una vida más precisa y satisfactoria.

El Método Más Efectivo para Desarrollar la Autodisciplina

Empiece con pasos graduales. Ningún procedimiento ocurre a mediano plazo. Del mismo modo, como requiere cierta inversión para fabricar músculo, también deje de lado algunos esfuerzos para crear auto-control. Cuanto más lo entrene y lo desarrolle, más enraizado se volverá. En el ejercicio, si intenta hacer demasiado, podría dañarle y tener dificultades. De la misma manera, acérquese lenta y cuidadosamente a la estructura del auto-control. En este sentido, comience por decidirse por la opción de seguir adelante y darse cuenta de lo que está por llegar.

Dese cuenta de lo que le despierta y cuáles son sus terribles detonantes. ¡Puede comenzar descubriéndose a ti mismo! A veces es difícil evitar los deseos y los anhelos, así que conozca las regiones donde su oposición es baja y cómo mantener una distancia estratégica de esas circunstancias. Si se da cuenta de que no puede evitar pasteles, papas fritas o diferentes seductores, evítelos. Intente no tenerlos cerca para provocarle momentos de deficiencias. Si además se da cuenta de que poner peso sobre usted mismo no le funciona, en ese momento establezca un dominio que respalde la estructura de auto-control en lugar de uno que lo socave. Expulse los seductores y rodease de cosas que le alivien y le den fortaleza, por ejemplo, lemas inspiradores e imágenes de lo que necesita lograr.

Dese cuenta además de lo que le da fortaleza y le impulsa. Su auto-control puede ir aquí y allá con sus niveles de vitalidad, así que toque música vigorosa para animarlo, moverse, reírse. Entrénese para apreciar lo que estás haciendo al ser vigorizado. Esto simplificará la actualización de comportamientos seductores y adecuados en su horario diario, que es realmente de lo que se trata el auto-control.

Haga ciertos comportamientos un horario diario. Cuando haya elegido lo que es crítico para usted y los objetivos a los que debe superar, establezca un programa diario que le permita cumplirlos. Por ejemplo, si necesita comer sano o ponerse en forma; tome medidas para comer algunas porciones de alimentos cultivados del suelo todos los días y haga ejercicio por lo menos treinta minutos. Hágalo parte de su horario diario y parte de su estructura de auto-control. De la misma manera, elimine una parte de sus hábitos terribles e imprudentes, cualesquiera que sean. Puede ponerse de mal humor e impedir su auto-control. Un estado mental pobre también puede ser un hábito desafortunado.

Practique la disciplina. Descubra cómo desaprobar una parte de sus emociones, motivaciones y deseos. Entrene para hacer lo que sabe que es correcto, independientemente de si no quiere hacerlo. Omita el postre algunas noches. No mire demasiada televisión. Luche contra la tentación de gritarle a alguien que le ha molestado. Detengase y piensa antes de actuar. Considere los resultados.

Cuando practica la paciencia, se alienta a desarrollar el hábito de controlar diferentes cosas.

Participe diferentes juegos o ejercicios. Los deportes son un excelente método para mejorar el auto-control. Te entrenas para establecer objetivos, centrar sus energías psicológicas y emocionales, estar en buena forma física y convivir con los demás. Tener interés en los juegos da una circunstancia en la que descubre cómo abrocharse el cinturón y esforzarse por hacer un esfuerzo valiente, lo que le instruye a incorporar los puntos de vista y disciplinas equivalentes en su vida diaria.

Descubrir cómo tocar un instrumento melódico puede ser otro método extraordinario para ensayar el auto-control. El enfoque, la reiteración y la aplicación requerida para descubrir cómo tocar un instrumento es significativa. Lograr el auto-control en cualquier aspecto de su vida reinventa su cerebro para elegir lo correcto, en lugar de lo que es simple.

Obtenga motivación de aquellos que aprecia. Michael Jordan ha sostenido constantemente que su enormidad como jugador de béisbol se debe tanto a su disposición a ceder ante su arte como a su habilidad. Fue su anhelo por la disciplina y el enfoque lo que lo hizo extraordinario en comparación con otros jugadores de béisbol. Si funcionó para él, podría funcionar absolutamente para todos nosotros.

Imagine los premios. No hay nada más gratificante que lograr sus objetivos. Practique el sistema que usan los grandes triunfadores y los mejores competidores. Comprometase más tarde. Imagine su resultado ideal. Sienta cómo lo compensa y las incalculables ventajas que apreciará. Recuérdese a sí mismo las cosas que deben llegar.

Los Beneficios

Ayude a fabricar la seguridad en sí mismo.

Usted triunfe más y, en este sentido, será cada vez más lucrativo.

Puede mantener una mayor resistencia a la insatisfacción, los elementos disuasorios y los sentimientos negativos.

Le permite obtener un mejor bienestar, mejores fondos y una actitud decente y trabajadora.

Puede llegar a sus objetivos más difíciles de manera más productiva.

Cuanto más disciplinado se vuelva, más simple se volverá la vida.

Si queremos ser expertos en nuestra propia predeterminación, debemos crear auto-control y discreción. Al concentrarnos en los beneficios a largo plazo en lugar de los inconvenientes temporales, podemos instarnos a crear auto-control. Por fin, nuestro bienestar y satisfacción dependen de ello.

Fundamentos de la Autodisciplina

Compromiso

Es su grado de compromiso con lo que está haciendo lo que determinará su nivel de realización en ello. Desafortunadamente, muchas personas simplemente se detienen después de la parte del "deseo" y apenas toman el tormento para concentrarse en sus fantasías. Supuestamente, eso es lo que les impide ser fructíferos en cualquier tarea.

Deberíamos aclarar que no hay una ruta alternativa para progresar. La mejor manera de ser efectivo es tomar el camino largo y perseguir su interés con un cien por cien de devoción y promesa en ello.

No obstante, el camino hacia el progreso no es tan simple como parece ser. Necesita crear algunas responsabilidades para llegar allí y continuar con la vida que ha imaginado en sus sueños.

Intente no darle a sus tareas la oportunidad de dirigir su vida. A continuación se presentan las siete responsabilidades que uno debe hacerse a sí mismo en su interés por el progreso:

#1 Compromiso: Realizar una gran actividad regularmente

Ya que comprende lo que necesita buscar en la vida, es una oportunidad ideal para hacer un arreglo de actividades para ello. Independientemente de si sus objetivos son pequeños o enormes, debe apuntarse para realizar acciones gigantescas todos los días sin ningún motivo.

Empieze por configurar su mente para perseguir con emoción sus fantasías o lo que sea que le entusiasme en la vida. Puede comenzar haciendo un arreglo. A fin de cuentas, hay muchos instrumentos de arreglo para permitirle salir. Mientras crea su arreglo de actividades, asegúrese de rehacerlo de acuerdo a sus necesidades y cualidades.

Trate de no ser excesivamente tolerante o excesivamente anhelante por ellos. Sea tan razonable como podría esperarse bajo las circunstancias, de modo que sea impulsado lo suficiente como para hacer un esfuerzo monstruoso sobre ellos regularmente sin ninguna razón.

#2 Compromiso: Nunca de dé por vencido.

Por más "simple" que parezca, nunca rendirse es un mantra definitivo para progresar. A medida que avance por la vida, se derrumbará habitualmente. También puede cometer errores y fallar, y es completamente normal. Tal es la realidad y las cosas ocurrirán, pero nunca deje que esto obstaculice su espíritu de ninguna manera.

Recuerde que para tener éxito y convertirse en lo mejor de usted, debe tener mucha confianza en sí mismo. Esta alma inquebrantable le permitirá superar estas ocasiones extremas de manera efectiva. Pase lo que pase — intente no rendirse nunca.

#3 Compromiso: Sea versátil y adáptese constantemente

La versatilidad y la energía para desarrollarse pueden llevarle a la meta en su vida. Es triste ver que las personas son excesivamente inflexibles en sus reflexiones y convicciones de que rechazan cualquier propuesta o nuevo enfoque que se les haya dado. Puede ser muy peligroso para su vocación y para la vida en general.

En las expresiones de Charles Darwin, "No es la especie más arraigada la que perdura, ni la más astuta. Es La más versátil para cambiar".

Aprenda todo lo que pueda de lo que necesite, ya que sería algo que nadie podría quitarle. Aprenda constantemente, ya que la mayoría de las veces hay más de un enfoque para hacer algo equivalente. En el momento en que elimine sus suposiciones y comprenda la versatilidad, las aberturas se presentarán en consecuencia de la manera más imprevista.

#4 Compromiso: No hacer cosas explotadoras o desvergonzadas

Hay dos formas diferentes de tener éxito: la manera fácil y la difícil. Ir por un camino simple significa hacer "lo que sea necesario" para llegar allí — haciendo trampa o con engaños. Significa tomar rutas fáciles, favores, hacer cosas deshonestas que entren en conflicto con la brújula ética. Actualmente, la dedicación no es hacer ninguna de las cosas mencionadas anteriormente.

Puede sentirse atraído por lograr algo sin escrúpulos y obtener resultados rápidos. Sin embargo, tales cosas siempre acompañan a un costo — que sin mucho esfuerzo puede arruinar todo en un abrir y cerrar de ojos. Tenga en cuenta que el viaje hacia el progreso pondrá a prueba su carácter junto con la devoción.

#5 Compromiso: Crea en sí mismo

Debe tener confianza en sí mismo antes de que otros comiencen a acumular acciones en usted. Sea lo que sea que desee lograr, asegúrese de tener confianza en ello y de sus capacidades para lograrlo.

El problema es que las personas, en general, pensarán poco en las capacidades que les impiden alcanzar su potencial real. Tome un diario y componga sus cualidades, singularidad, logros más destacados y logros en él y léalos para que cualquiera pueda escuchar cada mañana. Este pequeño sistema puede hacer maravillas para fortalecer su confianza en sí mismo.

Ordinariamente, veo un gran número de personas con un gran potencial, sin embargo, su poca confianza y ausencia de certeza les impiden progresar. Es básico reconocerse a sí mismo y poner en juego las capacidades para continuar con una mejor vida.

#6 Compromiso: Mantenga un equilibrio adecuado entre la vida laboral y la privada

¿Se da cuenta de que es lo más significativo en su vida? No es nada más que su bienestar. Su bienestar físico y psicológico tiene una influencia significativa en su vida, ya que todo depende legítimamente o indirecta de él.

Intente no gastarte demasiado en abrocharse el cinturón y empezar a ignorar su bienestar. Si ha trabajado con entusiasmo durante 40 horas seguidas, es un buen augurio para darle a su cuerpo el descanso que merece. Si se está tomando unos tragos al final de la semana, intente pasar, en todo caso, un par de horas con sus seres queridos y recargue sus baterías.

#7 Compromiso: Disposición a perder un poco de descanso y a decir NO

Los logros son regularmente para las personas que están contentas de tomar los pasos necesarios para ser efectivas. Tendría que trabajar duro y también podría desaprobar algunas cosas que no se alinean con sus objetivos.

Puede que le incite salir de compras o reunirse con sus compañeros al final de la semana, pero lo que tendrá que hacer un efecto real será eliminar su startup o componer su próximo blog. Si está tomando un oportunidad en su empleo particular durante el día, entonces la mejor manera de aprovechar su fantasía es perder algo de descanso.

Una cosa más, comienze a decir NO más regularmente. Puede tomar una gran fortaleza mental desaprobar a los compañeros, pero hacerlo hará que su vida sea más fructífera y más alegre que la de ellos.

Lo importante del deber es que significa permanecer fiel a lo que dijo que haría mucho después de que la disposición en la que lo dijo le haya dejado. En la actualidad, depende de usted que desee presentarse y hacer un seguimiento de las cosas o dejar que sucedan.

Optimización

Una promoción de bebidas con cafeína que se transmite actualmente pregunta: "¿Imagina un escenario en el que las personas tuvieran un símbolo de nivel de batería, como en su teléfono?" a medida que vemos un conjunto de personas vestidas para el lugar de trabajo, explorando una pasarela de la ciudad, cada una con su propio nivel de batería, la mayoría en verde, algunos en rojo y corriendo. "Nos vería a muchos de nosotros paseando", continúa la voz en off, "necesitando un reavivamiento". La bebida se exhibe como una especie de enlace de carga extremadamente rápida para el cuerpo.

El truco de la promoción juega no exclusivamente con el sueño de que nuestro poder de vida puede ser atrapado en una medida unidimensional directa y efectivamente supervisada, pero además del pensamiento más extenso y progresivamente engañoso de que las personas deberían tener una capacidad como los teléfonos. Los deseos que tenemos de nuestros dispositivos empapan nuestros deseos por otras personas (independientemente de si son compañeros, familiares, trabajadores administrativos o robots) y, por fin, nosotros mismos. Deberíamos estar en condiciones de lidiar con cualquier tarea para la que estamos enlistados, moviéndonos sin problemas comenzando con una interfaz y luego a la siguiente, comenzando con una aplicación y luego a la siguiente, durante el tiempo que sea necesario. Si no podemos, tenemos que "reavivarnos" a nosotros mismos: para localizar la combinación correcta de medicamentos o la rutina de ejercicios, o bien dedicarnos a nosotros mismos durante todo el tiempo que tengamos que volver al 100 por ciento. La posibilidad de que seamos algo además de independiente y vitalidad autónoma se suspende por un sueño de control instrumental.

Los sistemas y activos computarizados pueden proporcionar la disponibilidad — si alguien puede llegar a las reglas dietéticas, por ejemplo, cualquiera debería tener la opción de seguirlas. Esta idea errónea crea una acumulación ética: si alguien puede "hacerlo" — ser sensato y seductor, estar alerta y estar dispuesto a ganar por casualidad — Entonces no hacerlo es una falta ética. Podemos percibir la dolencia como un no-defecto, pero además rechazamos cualquier "decepción" para tratarla como lo indican las convenciones sociales.

El autodesarrollo se convierte en una especie de devoción: el trabajo privatizado de obligación moral como gran apertura. Esto sucede como garantía de eficacia, como el caso en "si no está mejorando su vida para ayudar a su trabajo (independientemente de si ese trabajo ayuda a alguien que no sea su gerente) usted es un peso muerto" — un canal sobre los activos materiales y entusiastas de otros individuos. Si el trabajo es la vida, en ese momento los objetivos de la competencia son también buenas metas. Esto predice una condición en la que el bienestar es vago en comparación con la eficiencia.

Esta semana, Rebecca O'Dwyer expone sobre la proliferación de aplicaciones de la templanza y cómo éstas funcionan para replantear la idea. Expulsado del entorno de la compulsión, la moderación es refundida como una práctica de bienestar, similar a la moda prevaleciente de comer menos comida chatarra, y la línea adquirida bajo la charla de auto-avance. Por este razonamiento, uno puede estar "tranquilo" incluso mientras consume medicamentos como la ayahuasca o el LSD para incrementar el potencial imaginativo, ya que la "moderación" se reformula como una condición de disponibilidad para el trabajo.

Lo que está en juego no está cerca del bienestar y la felicidad en el hogar, sin mencionar la prosperidad agregada, sino las solicitudes de rendimiento de los gerentes. Como dice Alex Beattie, "el desconectamiento redefine el autocuidado como el mantenimiento de un nivel estandarizado de rentabilidad, ya que la vida basada en Internet consume menos calorías y se completa como una simple costumbre de control e interés central". La "desintoxicación avanzada" no se sugiere en tal medida como un método de satisfacción o compromiso con la vida, sino como un procedimiento administrativo para mantener el interés central beneficioso. La difamación de la diversión funciona como una reivindicación para la co-optación comercial de la consideración.

Como se están destruyendo los apoyos sociales y las ocupaciones son raras y a menudo mal pagadas, parece que cualquier cosa que no sea el 100 por ciento enfocado en el trabajo en cualquier punto comienza a parecer peligroso. Liberarse es perder la ventaja crítica, que se combina progresivamente con una buena atención y una incapacidad física. Como menciona O'Dwyer, la distracción que algunos tienen con los detalles de su utilización tiene un aspecto supersticioso. El autocuidado fanático es simplemente la otra cara de la moneda: Ambos pueden dar a la alucinación de la autoridad sobre los actos vergonzosos de la vida y los tormentos inusuales, un sentimiento de organización — como si generalmente obtuviéramos lo que escogemos y lo que merecemos.

Convertirse en la adaptación sobrehumana de uno mismo a través de un régimen de alimentación, ejercicio, biohacking, aprendizaje, etc. y lograr la auto-mejora es un objetivo energizante. Al principio de su aventura hacia la auto-racionalización, puede muy bien atraer la necesidad de hacer muchos cambios con respecto a su salud, bienestar y hábitos de vida e intentar lograr más, por lo que comenzará a obtener resultados más rápido, sin embargo, este es posiblemente el método más rápido para progresar hacia la superación. .

¿Cómo se volverías sobrehumano y llegaría a la auto-mejora de verdad? Ciertamente, no termina siendo uno por un comportamiento adicto al trabajo o impulsándose a sí mismo excesivamente duro y al final consumiéndose.

Al tratar de convertirse en un yo definitivo, es fundamental lidiar con su bienestar emocional y permitirse la oportunidad de descansar y recuperarse, para que pueda desempeñarse de manera ideal y actuar como un superhumano cuando trabaja o hace ejercicio.

Puede estar excesivamente determinado y centrado en cambiar su bienestar, sin embargo, hacerlo puede dañar su bienestar al final. Hacer un intento decente para convertirse en un superhumano sólido podría ser lo que realmente terminará dañando su bienestar, básicamente como resultado del estrés excesivo y la inquietud. No existe un método decente para afirmar esto, sin embargo, el cortisol (la hormona de la presión primaria) es una perra.

Si intenta y hace todo espléndidamente, puede hacer que se estreses más y terminar obstaculizando su procedimiento y su avance. Puede presionar con fuerza durante unos catorce días, pero luego se desgasta y termina tomando siete días para descansar, ya que simplemente no tiene la vitalidad.

Una parte de las reacciones del cortisol elevado incluyen:

Acelerar el proceso de maduración separando el colágeno;

Dañar el marco seguro y obligarlo a terminar aniquilado;

Activa la creación de insulina, que puede causar la adición de grasa e incrementar el riesgo de diabetes;

Cambios en el estado mental (especialmente sentirse al límite, bajo o efectivamente agravado);

Hipertensión; y

Causa la generación de más testosterona en mujeres con trastorno de ovario poliquístico (PCOS).

Aquí hay un par de consejos sobre cómo puede, en cualquier caso, convertirse en la representación sobrehumana de usted, y mejorar su ejecución psicológica y física, y lograr la auto-racionalización sin peligro de su bienestar o sacrificar su solidez mental y psicológica:

Punto de Ruptura en el Consumo de Fuentes con Cafeína

Si puede lidiar con tomar un par de tazas de espresso diariamente sin inquietarse, está bien, sin embargo, si lo hace en exceso, puede hacer que termine inestable o nervioso. Cuando se sienta nervioso, en realidad no se sentirás como un superhumano ni actuará como tal.

La cafeína puede ayudar a mejorar la ejecución física y mental, y tres tazas de café espresso por día deberían brindarle lo suficiente para obtener las ventajas (es decir, si puede tolerar la cafeína). Algunas personas, similares a mí, son excesivamente delicadas con la cafeína y necesitan eliminarla en su mayor parte. La principal cafeína que consumo es la que preparo en mi día a día de chocolate con cacao.

Aspire su Camino para Convertirse en un Superhumano

Si comienza a sentirse abrumado por su trabajo o la mayoría de los objetivos que se ha establecido, intente realizar algunas actividades de respiración. Le permitirán tranquilizarse y permanecer centrado. Esto ayudará a disminuir la sobrepotencia.

Puede comenzar simplemente mirando a través de su ojo para olvidarse de sus problemas. Haga esto por un par de minutos y perciba cómo se siente. Para empezar, puede poner su melodía principal e inhalar profundamente.

Reflexione Sobre su Camino Hacia la Auto-optimización

Esto lleva todo el asunto de la respiración al siguiente nivel. Al reflexionar, puede disminuir la inquietud, permanecer concentrado y tranquilo en su compromiso superhumano y de superación personal, y recibir las recompensas que tiene para su bienestar y cerebro. Estos incorporan niveles reducidos de cortisol, lo que ayudará al infortunio de grasa y disminuirá la turbidez mental, al igual que obstaculizar su crecimiento.

Simplemente reflexionar durante diez minutos diarios es suficiente para que comience a encontrar las ventajas de la contemplación para el progreso personal.

Las Emociones

¿Alguna vez ha dicho algo por resentimiento que luego lamento? ¿Deja que el temor le convenza de no salir en una extremidad que realmente podría beneficiarle? Si es así, no eres el único.

Los sentimientos son asombrosos. Su estado mental decide cómo coopera con las personas, cuánto dinero gasta, cómo maneja las dificultades y cómo invierte su energía.

Manejar sus sentimientos le permitirá estar racionalmente más arraigado. Afortunadamente, cualquiera puede ser mejor manejando sus sentimientos. Al igual que otras habilidades, manejar sus sentimientos requiere práctica y devoción.

Experimente emociones incómodas pero no se quede atrapado en ellas

Lidiar con sus sentimientos no es equivalente a sofocarlos. Ignorar sus problemas o imaginar que no sients tormento no hará que esos sentimientos se vayan.

En realidad, las heridas emocionales sin tratar probablemente se deteriorarán después de algún tiempo. Además, hay un tiro decente que sofoca sus sentimientos y le harán desarrollar habilidades de adaptación indeseables - como la mala alimentación o el licor.

Es esencial reconocer sus sentimientos y al mismo tiempo percibir que sus sentimientos no necesitan controlarle a usted. Si se despierta en un lado inapropiado de la cama, puede asumir la responsabilidad de su estado mental y cambiar su día. Si está furioso, puede tranquilizarse.

Aquí hay tres formas diferentes de lidiar con su estado mental:

1. Replantee sus Pensamientos

Sus sentimientos influyen en la forma en que ve las ocasiones. Si se siente inquieto y recibe un correo electrónico del supervisor que dice que necesita verlo de inmediato, puede aceptar que lo despedirán. Si, en cualquier caso, se sientes contento cuando reciba ese correo electrónico equivalente, su primera idea puede ser que recibirá un ascenso o lo elojien por un trabajo muy bien hecho.

Considere el canal apasionado por el que está echando un vistazo al mundo. En ese momento, reformule sus consideraciones para construir una visión progresivamente práctica.

Si descubre que está pensando: "Esta ocasión de administración de sistemas será un ejercicio completo de inutilidad. Nadie va a conversar conmigo y voy a parecer un imbécil", recuérdese a sí mismo: "Depende de mí sacar algo de la ocasión. Me familiarizaré con nuevas personas y mostraré entusiasmo por conocerlas".

A veces, el método más simple para mejorar un punto de vista diferente es retroceder y preguntarse: "¿Qué podría decirle a un compañero que tuvo este problema?" Responder esa pregunta eliminará una parte del sentimiento de la condición para que pueda pensar con mayor normalidad.

Si termina pensando en cosas negativas, es posible que necesite cambiar el desvío en su mente. Una acción física rápida, como salir a caminar o despejar su área de trabajo, puede permitirle dejar de reflexionar.

2. Nombre sus Emociones

Antes de que pueda cambiar su forma de pensar, debe reconocer lo que está enfrentando en ese momento. ¿Es seguro decir que está ansioso? ¿Se siente desilusionado? ¿Es seguro decir que es una persona infelíz?

Recuerde que la indignación aquí y allá cubre los sentimientos que están indefensos - como la desgracia o la humillación. Por lo tanto, considere detenidamente lo que realmente sucede dentro de usted.

Ponga un nombre a sus sentimientos. Recuerde que puede sentir una gran cantidad de sentimientos sin demora - como inquieto, decepcionado y ansioso.

Marcar cómo se siente puede eliminar gran parte de la sensación. También puede ayudarlo a tomar nota con precaución de cómo esos sentimientos probablemente influyen en sus desiciones.

3. Participe en un Mood Booster

Cuando te sientas mal, probablemente participarás en ejercicios que te mantengan en esa perspectiva. Desprenderse de uno mismo, mirar irreflexivamente a través del teléfono, o quejarse de las personas a su alrededor son sólo un par de los ordinarios "comportamientos de estado mental terrible" que puede disfrutar.

En cualquier caso, esas cosas le mantendrán atascado. Necesita hacer un esfuerzo físico positivo si necesita sentirse mucho mejor.

Piense en las cosas que haces cuando se siente alegre. Haga esas cosas cuando se sienta mal y comenzará a sentirse mejor.

Aquí hay un par de ejemplos de patrocinadores del estado mental:

- Llame a un compañero para discutir algo encantador (no para seguir quejándose).
- Dé un paseo.
- Reflexione por un par de minutos.

- Sintonice música relajante.

Continúe Practicando sus Habilidades de Regulación Emocional

Lidiar con sus sentimientos es intenso de vez en cuando. Es más, probablemente habrá un sentimiento específico - como resentimiento - que ocasionalmente lo engañará.

Sea como fuere, cuanto más tiempo y consideración le dedique a controlar sus sentimientos, más racional se volverá. Obtendrá confianza en su capacidad para lidiar con la inquietud y al mismo tiempo se dará cuenta de que puede conformarse con decisiones acertadas que cambien su estado de ánimo.

Los sentimientos son el poder más presente, exprimidor y en algunos casos insoportable en nuestras vidas. Nos guiamos paso a paso por nuestros sentimientos. Asumimos riesgos ya que estamos energizados para nuevas perspectivas. Lloramos porque hemos sido dañados y hacemos sacrificios desde que nos valoramos. Sin duda, nuestros sentimientos manejan nuestras reflexiones, expectativas y actividades con mayor autoridad que nuestras equilibradas personalidades. En cualquier caso, cuando damos seguimiento a nuestros sentimientos demasiado rápido, o damos seguimiento a un tipo de sentimiento inapropiado, regularmente nos conformamos con elecciones de las que luego nos arrepentimos.

Nuestras emociones pueden modificar límites peligrosos. Si se desvís excesivamente hacia un lado, estará al borde de la ira. Si se aparta mucho de un lado, se encontrará en una condición de felicidad. Del mismo modo, como en muchos momentos de la vida, los sentimientos se encuentran mejor con un sentimiento de equilibrio y un punto de vista coherente. No es necesariamente el caso de que debamos evitar experimentar sentimientos apasionados o saltar de euforia después de noticias extraordinarias. Estas realmente son las mejores cosas en la vida. Son los sentimientos negativos los que deben tratarse con una consideración escandalosa.

Los sentimientos negativos, similares a la ira, los celos o la rudeza, en general se volverán salvajes, particularmente después de que se hayan activado. Con el tiempo, este tipo de sentimientos pueden desarrollarse como malas hierbas, moldeando gradualmente el cerebro para trabajar en sentimientos inconvenientes y gobernando la vida cotidiana. ¿Alguna vez conoció a un individuo que es confiablemente iracundo o hostil? No fueron traídos al mundo de esa manera. En cualquier caso, permitieron que ciertos sentimientos se mezclaran dentro de ellos durante tanto tiempo que terminaron surgiendo sentimientos innatos de vez en cuando.

Ejercicios para Mejorar su Autodisciplina

¿Cuáles son algunas de las grandes actividades diarias para ensayar el auto-control?

1. Duchese Cada Mañana

    Las duchas frías apestan. Conducir para perseverar a través del impacto helado de una lluvia de virus antes de cualquier otra cosa requiere disciplina y un alto grado agonía.

    Son difíciles, son horribles y no están contentos independientemente de si es solo por 30 segundos. Comience su fin de semana de tres días limitándose a perseverar a través de una presión intensa y conquistar el ansia de una simple cálida y ducha. Sera dificil. En cualquier caso, finalizará los encargos como ningún otro.

2. Reflexione Durante 10 Minutos cada Día

   La reflexión puede parecer un método extraño para construir disciplina. A fin de cuentas, simplemente necesita sentarse en su trasero y no considerar nada, ¿no es así? Considerando todo, no realmente. La reflexión espera que aprenda sus reflexiones. Para despejar su cerebro, enfoque su cuerpo y vuelva a conectarse con su respiración.

   La reflexión le hace salir del desastre psicológico y le permite reconectarse consigo mismo. Además, es más difícil de lo que sospecha. Sentarse y meditar solo su respiración requiere un control gigantesco y enfoque centrado. Si está contento de intentarlo durante 30 días, desarrollará su control y autodisciplina de manera asombrosa.

3. Comience su Día con 100 Flexiones o una carrera de 1 milla

   100 flexiones deberían llevarle 5 minutos. Una carrera de una milla toma alrededor de 10 minutos. Sea como fuere, son activos increíbles para la disciplina de la estructura. Al comenzar el día con algún tipo de actividad física, comenzará su prosperidad durante el día y se fortalecerá para lograr algo incómodo y difícil antes que nada.

   Haga esto antes de su ducha fría de la mañana y habrá realizado más tareas antes de las 8 a.m. que la gran mayoría lo hace TODO el día.

4. Prepare su Cama

Preparar su cama le llevará 5 minutos. Sin embargo, es un pequeño movimiento que requiere disciplina a la luz del hecho de que no hay una motivación genuina para hacerlo. Ciertamente, le permite lograr un recado antes de comenzar su fin de semana de tres días.

Sea como fuere, el hecho de que preparar la cama no aumentará su salario, lo hará progresivamente beneficioso o aumentará su vida sexual. Es una actividad definitiva sin sentido. Sea como fuere, debe hacerlo en cualquier caso. Preparar su cama antes que nada lo coloca rápidamente en un estado de aprendizaje y equilibrio cuando comienza su día.

También es una inspiración asombrosa para permanecer despierto en lugar de deslizarse en las sábanas calientes.

5. Prescinda de las Distracciones

Las distracciones asesinan la disciplina. Si necesita estar cada vez más enfocado durante el día, elimine todas las distracciones. El humor mata su teléfono, introduzca un bloqueador de canales de noticias de Facebook, apague las notificaciones en su PC y destaque solo el trabajo que hay que hacer.

Esto le permitirá estar progresivamente comprometido y lucrativo y requerirá enormes medidas de disciplina diaria. Mantenerse alejado de las notificaciones de vida y los mensajes y publicaciones en Internet que provocan dopamina no es simple, sin embargo, está bien justificado, a pesar de todos los problemas.

6. Deje de Quejarse

   Las quejas se asemejan a un crecimiento maligno en su espíritu. Tiene mucho que agradecer. Sin embargo, cada vez que se queja, se revela a usted mismo que su vida apesta y que las cosas no son de la manera en que deberían ser'(a pesar de que son favorables).

   Así que deje de quejarse.

   Se asemeja a una toxina. Le ocupa de lo que es grandioso y le hace centrarse en todo lo que no está bien. Hace que otras personas como usted sean menos, deja pasar oportunidades y lo desvía de continuar con una vida normal.

   Compre una banda elástica y colóquela en su muñeca correcta. Si termina quejándose durante el día, mueva la banda a la otra muñeca. Es probable que pase 30 días con esa banda elástica restante en su mano correcta. Si puede hacer esto, su control, satisfacción e inspiración se elevarán.

Autocontrol y Fuerza de Voluntad - Su Fuerza Interior

Estas dos habilidades son las proveedoras de calidad interior. Pueden permitirle transformarse y cambiar sus hábitos. Son las habilidades más útiles para todos, en cada problema diario y para cualquier edad.

El autocontrol y la determinación vigorizan lo interno para actuar, hacer las cosas y continuar con sus actividades, sin importar las dificultades e impedimentos.

El manual total para la determinación y el autocontrol.

Estas dos habilidades son las proveedoras de calidad interior. Pueden permitirle transformarse y cambiar sus hábitos. Son las habilidades más útiles para todos, en cada problema diario y para cualquier edad.

El autocontrol y la determinación vigorizan lo interno para actuar, hacer las cosas y continuar con sus actividades, sin importar las dificultades e impedimentos.

El manual total para la determinación y el autocontrol.

Hágase las preguntas que están presentes a continuación:

¿Con qué frecuencia ha intentado cambiar sus patrones dietéticos, dejar de fumar o levantarse antes que el día comience, pero no ha tenido suficiente calidad e ingenio interno?

¿Alguna vez siente que le falta la solidaridad interna para realizar una acción, una demostración decisiva o avanzar?

¿Con qué frecuencia ha elegido dar un paseo, dándose cuenta de lo brillante que se siente un tiempo después, sin embargo, debido al letargo o la ausencia de calidad interna, se quedo en casa y miró la televisión?

¿Comienza a hacer las cosas, sin embargo, deja de hacerlas después de un breve tiempo?

¿Hay algún hábito que deba cambiar, sin embargo, siente que le falta la solidaridad interna fundamental para cambiar?

Puede cambiar este comportamiento cuando refuerza su autocontrol y determinación. Todo lo que necesita es un poco de preparación, dirección y acesoramiento.

Después de crear y reforzar su determinación y crear autocontrol, tendrá la opción de elegir sus respuestas y vencer los hábitos negativos. Estas dos habilidades le harán sentir más dominante, seguro y responsable de sí mismo y de su vida.

Hay una interpretación errónea en la personalidad abierta con respecto a las dos aptitudes que estamos discutiendo aquí. Se acepta incorrectamente que su avance requiera una tonelada de tensión y esfuerzo mental y físico. Esto no es valido. Puede desarrollar estas habilidades a través de actividades básicas e incluso apreciar el procedimiento.

Desarrollar Fuerza de Voluntad y Autodisciplina

Empiece a Construir su fuerza de voluntad y autodisciplina

Dirección y actividades para estructurar la determinación y el autocontrol, conquistando el deslumbramiento y la lentitud, recogiendo la firmeza y la incansabilidad, y asumiendo la responsabilidad de su vida.

Desarrolle su Fuerza de Voluntad y Autodisciplina

Se dice que las personas con una discreción más prominente están más alegres que las personas que no tienen esta capacidad. Las personas autodidactas también tienen una calidad interna, lo que hace que negocien con mayor eficacia y ciertamente con problemas y disuasivos.

En el momento en que estas dos aptitudes están bien desarrolladas, hay más control, más poder y más confianza, y uno respalda sus elecciones. Esto implica mejores probabilidades de lograr lo que uno se proponga a hacer.

Las personas con autocontrol suelen tener más determinación que otras y no permiten que sus decisiones sean dirigidas por motivaciones o emociones y por lo que otras personas afirmen o hagan.

Conclusión

Gracias por llegar hasta el final de *Aprenda los Hábitos de las Personas Altamente Efectivas y Cómo Aumentar la Autodisciplina*, espereamos que le haya sido informativo y capaz de proporcionarle todas las herramientas que necesita para lograr sus objetivos, sean cuales sean.

El siguiente paso es gustar de nosotros en las redes sociales y poner en práctica lo que aprendió aquí.

Secretos del Estoicismo

Descubra la Filosofía Estoica y el Arte de la Felicidad; ¡Aumente sus Emociones y la Vida Cotidiana Moderna Siguiendo esta Guía para Principiantes Adecuada para Emprendedores!

Por Marcos Romero

Tabla de Contenido

Índice
Introducción
Capítulo 1 - Hábitos

    La Importancia de los Hábitos
    Hábitos de la Piedra Angular
    Comprensión de los Hábitos de las Personas
    Hábitos en el Mundo Académico
    Hábitos Autoritarios
    Aplicaciones con los Pies en la Tierra
    Cómo Funcionan los Hábitos
    ¿Cómo Funcionan los Hábitos?
    Qué Gusto. (La Recompensa).
    Mejorar los Hábitos
    Útil para Negocios
    Perturbación de los Hábitos
    Identifique los Buenos Hábitos
    Pasos Básicos para Desarrollar Buenos Hábitos

1. Utilice la Percepción y las Afirmaciones.
2. Decídase por la Elección, y Luego la Responsabilidad de Cambiar.
3. Inscríbase con el Apoyo de Familiares y Compañeros.
4. Identifique el Hábito.
5. Encuentre Enfoques Sólidos para Retribuirse.
6. Diseñe un Arreglo.
7. Encuentre sus Detonantes y Disuasorios.

    Identifique los Malos Hábitos
    Identifique los Detonantes
    Construya un Arreglo de Sustitución
    Controle los Detonantes
    Cambie el Hábito Más Grande
    Obtener Soportes
    Apoyese y Premiese a sí Mismo

Use Indicaciones
Sea Tenaz y Tolerante
Considere la Posibilidad de Obtener Asistencia Competente

Capítulo 2 - Hábitos de Personas Altamente Efectivas

Potenciar a las Personas
Ayúdelos a Revelar su Zona de Genialidad.
Dele a su Grupo la libertad para que Hagan todo por su Cuenta.
Sea un Proveedor.
Acercarles Cuál es su Visión para su Vocación o Empleo.
Previsión y Enfoque
Construya Relaciones Fuertes
Fe y Compromiso
Amor y Romance
Analize su Nivel de Pasión

¿Cuál es la Cantidad de Sexo que Tiene?
El Matrimonio sin Sexo
Una Receta para una Mejor Vida Sexual
Busque Dos Pedazos de Papel y Dos Bolígrafos.
Permanecer Fiel

Asegure su Relación

Capítulo 3 - Acumulación de Hábitos

¿Qué es el Acumulación de Hábitos?
Cómo Aplicar el Acumulación de Hábitos a su Vida

Desarrolle el Hábito de Seguir la Rutina

Caso de una Rutina de Acumulación de Hábitos Productiva
Gestión de Inconvenientes y Desafíos Durante el Acumulación de Hábitos
Beneficios del Acumulación de Hábitos
¿Qué es el Acumulación de Hábitos?

Cómo Funciona el Acumulación de Hábitos

Su Acumulación de Hábitos en Efecto
Consejos para el Éxito en el Acumulación de Hábitos
Enfoque para Apilar Hábitos en la Mañana

Capítulo 4 – Autodisciplina

¿Qué es la Autodisciplina?
Una Explicación sobre la Autodisciplina
Los Motivos de la Falta de Autodisciplina
¿Qué es el Auto-control?
Beneficios de la Autodisciplina

Beneficios e Importancia del Auto-control

Cómo la Autodisciplina Puede Mejorar su Vida

¿Qué es el Auto-control?
El Método Más Efectivo para Desarrollar la Autodisciplina
Los Beneficios

Fundamentos de la Autodisciplina

Compromiso

Optimización
Punto de Ruptura en el Consumo de Fuentes con Cafeína
Aspire su Camino para Convertirse en un Superhumano
Reflexione Sobre su Camino Hacia la Auto-optimización
Las Emociones
Continúe Practicando sus Habilidades de Regulación Emocional
Ejercicios para Mejorar su Autodisciplina

1. Duchese Cada Mañana
2. Reflexione Durante 10 Minutos cada Día
3. Comience su Día con 100 Flexiones o una carrera de 1 milla
4. Prepare su Cama
5. Prescinda de las Distracciones

6. Deje de Quejarse

Autocontrol y Fuerza de Voluntad - Su Fuerza Interior
Desarrollar Fuerza de Voluntad y Autodisciplina

Conclusión
Tabla de Contenido
Introducción
Capítulo 1: Historia del Estoicismo
Capítulo 2: Antecedentes del Estoicismo
Capítulo 3: Los Primeros Dos Topoi

Lógica
Física

Capítulo 4: El Tercer Topoi (Ética)
Capítulo 5: La Apatheia y el Tratamiento Estoico de las Emociones
Capítulo 6: El Estoicismo Después de la Era Helenística
Capítulo 7: El Estoicismo Contemporáneo
Capítulo 8: Ejercicios Espirituales Estoicos
Capítulo 9: El Estoicismo es Ideal para el Mundo Real
Capítulo 10: Controle sus Emociones para Encontrar la Paz Interior
Capítulo 11: Maneras de Manejar la Ira Usando el Estoicismo
Capítulo 12: Entender Cómo y Por Qué Surge la Ira
Capítulo 13: Filosofía Estoica e Ira
Capítulo 14: El Estoicismo Revela Rituales que le Harán Sentir Seguro
Capítulo 15: Filosofía Estoica y Sabiduría Antigua en el Mundo Moderno
Capítulo 16: Las Cuatro Virtudes Cardinales
Capítulo 17: Incorporación de la Filosofía Estoica en la Vida Cotidiana

Cómo Practicar el Estoicismo

Capítulo 18: Creciendo Estoico (Educación Filosófica para el Carácter, la Persistencia y el Valor)
Conclusión

Introducción

Muchas gracias por elegirnos para compartir nuestros conocimientos con usted sobre el estoicismo. Si el estoicismo fuera un árbol, lo cortaríamos, usaríamos sus raíces y hojas para hacer medicinas, sus ramas para hacer hermosos bancos para sentarnos mientras disfrutamos de sus frutos. Gracias a Dios no lo es, no sea que seamos acusados de deforestación, pero de todos modos prometemos compartir este "árbol" con usted. El objetivo de este libro es dejarle con un conocimiento subyacente del estoicismo, cómo ayudó a las personas en la antigüedad y cómo puede ayudarle en el mundo de hoy.

En este libro, cubriremos lo siguiente:

- La historia del estoicismo
- Los antecedentes del estoicismo
- Los dos primeros topoi; la lógica y la física
- El tercer topoi; la ética
- La apatheia y el tratamiento estoico de las emociones
- Los estoicos después de la era helenística
- Estoicismo contemporáneo

El estoicismo es una forma de vida que inclina a las personas a actuar con modestia y ser de buen carácter. Como recompensa, fueron bendecidos no solo con fortuna y riqueza, sino también con felicidad. Dicho esto, espero que cuando complete este libro, haya decidido si el estoicismo es la forma de vida correcta o no. Este libro debería abrirle los ojos a si el estoicismo es una farsa o si es una filosofía que todavía funciona en la sociedad moderna. Abróchese los cinturones de seguridad ya que estamos a punto de embarcarnos en un largo "viaje estadístico", ya que no planeamos dejar ninguna piedra sin remover.

Capítulo 1: Historia del Estoicismo

El estoicismo es una filosofía que permite a las personas existir de la mejor manera posible. Se utiliza para ayudar a las personas a disminuir las emociones negativas, aumentar las positivas y ayudarlas a pulir su valor intrínseco. El estoicismo proporciona formas prácticas de cosechar más de lo que era necesario. El estoicismo no es complicado y, en su simplicidad, allana el camino para encontrar formas prácticas de encontrar serenidad y promover los atributos positivos de una persona.

El estoicismo proviene de la prehistoria de Grecia y Roma a principios del siglo III a. C. En aquel entonces, la gente pensaba de manera diferente a la gente de hoy. Su principal preocupación era evitar la pobreza, y esto los hizo comportarse, pensar y tomar decisiones orientadas a prevenir eso. Es de gran importancia notar que eran conscientes de que evitar la pobreza no era un boleto a la felicidad. A pesar de que su objetivo principal era evitar la pobreza, también tenían como objetivo comprender las formas de tener un alma brillante. El estoicismo se hizo famoso porque daba respuestas al miedo, la ansiedad y el estrés. También proporcionó soluciones para las pruebas del día a día.

Esta filosofía alentó los buenos comportamientos para obtener mejores experiencias de vida. Las personas trabajaron para tener buenos comportamientos para la recompensa de una vida mejor y evitar comportamientos negativos, ya que pagar por eso era una vida desafiante con problemas. En resumen, el estoicismo era una forma de vida antigua que enseñaba a las personas cómo vivir de una manera particular. Se centró en tener buenos comportamientos para reducir la negatividad y aumentar la satisfacción. Esta filosofía ha sido probada por famosos filósofos como Tom Brady, Thomas Jefferson, George Washington y muchos otros. El estoicismo podría haber comenzado hace mucho tiempo, pero hoy es tan relevante como lo fue entonces. ¿Cuál era el objetivo del estoicismo? Fue creado para ser simple de entender, fácil de actuar y ser útil en nuestras vidas.

Los estoicos fueron un grupo de filósofos que formaron la filosofía estoica. Veamos algunos de los estoicos que contribuyeron a esta gran filosofía.

- **Marco Aurelio**

Marco fue una persona notable e influyente en la historia de los seres humanos. Durante dos décadas, fue el jefe del Imperio Romano. Fue durante su reinado que Roma era la parte más civilizada del mundo. ¿Mencioné que era un ser humano notable? Por supuesto, la historia ha registrado horas extras sobre cómo Marco nunca abusó de su poder, sino que vivió el estilo de vida estoico. Sus escritos sobre cómo luchó para vivir como un ser humano honorable fueron descubiertos y publicados como Meditaciones. Sus escritos lo convirtieron en el mejor ejemplo de cómo el estoicismo ayuda a las personas a lidiar con las tensiones cotidianas. Marco Aurelio vivió la vida estoica como un ser humano bueno y sabio.

- **Lucio Anneo Séneca**

Lucio era un dramaturgo, escritor y estadista. Sus carreras le dieron una buena comprensión de las palabras y un carisma real. Explicó el estoicismo y de manera memorable. Sus escritos son el mejor comienzo para que alguien comience el viaje de la filosofía. Sus pensamientos resuenan fácilmente con el mundo moderno de hoy debido a los ejemplos prácticos dados sobre el altruismo, la amistad, la mortalidad y la gestión del tiempo.

Capítulo 2: Antecedentes del Estoicismo

Los eruditos de hoy solo reconocen tres fases del estoicismo: el Stoa temprano, el Stoa medio y el Stoa tardío. Por supuesto, el estoicismo también fue una modificación de las antiguas escuelas de pensamiento. Su influencia fue extensa incluso después del cierre de las escuelas filosóficas en 529 E.C. por el emperador bizantino Justiniano I.

Antecedentes Filosóficos

El estoicismo, al ser un eudaimónico helenístico, obtiene su influencia de las antiguas escuelas de pensamiento, pero al mismo tiempo, es abiertamente crítico para algunas de sus ideologías. Las escuelas de pensamiento que precedieron al estoicismo son:
- Aristotelismo
- Platonismo
- Cinismo
- Escepticismo
- Epicureísmo

Eudaimonia era una palabra que representaba felicidad y florecimiento. Para los grecorromanos, la eudaimonia a menudo representaba buenas virtudes morales. El estoicismo se destacó por su contexto diferente de alguna escuela de pensamientos de la época con la misma ideología. Por ejemplo, Euthydemus, afirma que solo hay cuatro buenas virtudes, y todo lo demás no es ni malo ni bueno. Según McBrayer, los atributos son coraje, templanza, justicia y sabiduría. Para Aristóteles, las virtudes eran doce, y todas eran importantes pero no adecuadas para la eudaimonia. Aristóteles también explicó que tanto el esfuerzo como la suerte contribuyen significativamente a una vida floreciente.

El contraste más significativo se ve en los Cínicos, donde estuvo de acuerdo con Sócrates en que lo único bueno era una virtud, pero no estaba de acuerdo con las adiciones de Aristóteles que las calificaba como distracciones. Los Cínicos predicaron una vida simple que es difícil de practicar. Afirmaron que la virtud era el único bien y que cosas como la educación, la salud o la riqueza pueden o no ser preferidas. Los aristotélicos, por otro lado, predicaban aristocrática, lo que explicaba que la eudaimonia no se podía lograr sin algunos privilegios.

Estoicismo Griego

Los exponentes del estoicismo vinieron del Mediterráneo oriental. El estoicismo era socrático, e incluso los estoicos aceptaron esa etiqueta. Zenón obtuvo su información de las cajas cínicas, los escritos de Epicteto y sus maestros Estilpón y Polemo. Zenón estableció los tres topoi lógica, física y ética. Zenón de Tarso y Diógenes de Babilonia fueron los principales jefes de Stoa durante mucho tiempo, a pesar de que sus contribuciones no fueron significativas.

En 155 a. C., tres directores de las escuelas importantes de Atenas fueron a Roma por razones diplomáticas. Al público romano le encantaron sus actuaciones públicas, y al mismo tiempo, rozaron a una élite romana por el camino equivocado, y esto generó tensión entre políticos y filósofos. Entre finales del siglo II a.E.C y a principios del siglo I a.E.C, los estoicos renovaron su relación con la Academia. Poisonous y Panaetius buscaron un acuerdo entre el estoicismo, el academismo y el aristotelismo. Este movimiento trajo el éxito del estoicismo.

Estoicismo Romano

Entre 88 y 86 a.E.C., Ateniense, Peripatético y Epicúreo Ariston dirigieron la política en Atenas. En el 92 a.E.C., Roma derrotó a Mitrídates, y como Atenas los apoyaba, también fue derrotado. Hizo que los filósofos escaparan a diferentes lugares del Mediterráneo. Los estoicos emularon a Catón el Joven por su oposición a Julio César. A finales del siglo primero, Arrio y Tarso eran las figuras estoicas. En el período imperial, los estoicos más excelentes fueron Epicteto, Musonio Rufo y Marco Aurelio.

Entre la República Tardía y el Imperio, obtenemos el estoicismo de algunas fuentes, como los libros de Cicerón y la literatura de Diógenes Laercio. Algunos estoicos fueron perseguidos por asesinato o exilio durante los reinados de Vespasiano, Nerón y

Domiciano. Séneca se suicidó siguiendo las órdenes de Nerón, y Epicteto se exilió. Según Gill, Epicteto era estricto mientras Marco estaba abierto.

Debate con otra Escuela Helenística

La escuela de filosofía helenística evolucionó debido al diálogo entre los filósofos. El diálogo trajo consigo la revisión o adopción de nuevas ideologías de otras escuelas. La discusión fue entre el Epicureísmo, el Platonismo, el Cinismo y el Aristotelismo. Veamos algunos ejemplos para ver cómo la revisión y la adopción contribuyeron a esta evolución. Epicteto no estaba de acuerdo con los epicúreos en su preocupación por el dolor y el placer. Por ejemplo, los Discursos 1.2.3 están todos en contra de Epicuro. Epicteto incluso sugiere que Epicuro está confundido y le aconseja que se retire. Epicteto también atacó a los escépticos diciéndoles que siguen demostrando que están equivocados todos los días y que nunca se rinden. De todos modos, no todos los estoicos estaban en contra de Epicúreo y Académico.

Cicerón insinuó el desacuerdo entre aristotélicos y estoicos en su libro "De Finibus". También tenemos ejemplos documentados de cambios en la opinión de los estoicos debido al desafío de otras escuelas. Un buen ejemplo es cuando Filópator adoptó la posición modificada del determinismo debido a las críticas de los Peripatéticos. Las ideas estoicas también fueron incluidas por otras escuelas como Antíoco de Ascalón, quien afirmó que las ideas de Zenón estaban incrustadas en Platón. También debemos notar que el estoicismo evolucionó en el cristianismo a través del platonismo medio.

Capítulo 3: Los Primeros Dos Topoi

Lógica

Una parte esencial de la filosofía estoica son los dos temas. Muestra esa ética en el centro y respaldada por la física y la lógica. La ética, la física y la lógica forman el estoicismo de tres topoi. Echemos un vistazo más de cerca a la lógica como nuestro primer topoi.

Hubo contribuciones tempranas de los estoicos sobre la lógica, y tenemos escritos para respaldar eso. Los estoicos declararon que su figura ideal, Sabio, podía alcanzar un conocimiento impecable, pero confiaba en el progreso moral y cognitivo en la práctica. Fue porque la física y la lógica están relacionadas con la ética y trabaja para su servicio. Esta idea se llamó "prokope", y trajo una disputa con los escépticos académicos. Los estoicos no declararon que toda parodia fuera realmente como los epicúreos. Acordaron que algunos eran "catalepticos" mientras que otros no. Diógenes explicó mejor las diferencias en VII.46. Afirmó que el cataléptico proviene de algo existente, mientras que el no cataléptico proviene de no vivir.

Los estoicos estuvieron de acuerdo en que alguien podría tener una percepción errónea, ya sea en forma de sueño o alucinaciones, pero al mismo tiempo, afirmaron que con el entrenamiento adecuado, alguien podría distinguir entre cataléptico y no cataléptico. Crisipo dijo que las impresiones son esenciales para absorber porque al hacerlo, acumulamos ideas que nos ayudan a formar conceptos y progresar. Debemos tener en cuenta que el cataléptico no es un conocimiento moderado. La impresión de los estoicos era entre aprensión, opinión y educación. Un ascenso de impacto cataléptico aporta experiencia. Los estoicos apoyaban una visión de justificación y, por lo tanto, una teoría de la verdad como la de O'Connor.

Hankinson comentó sobre la disputa de escépticos y estoicos académicos. Aquí, encontramos crecimiento estoico debido a la presión externa. Cicerón nos hace saber que Zenón sabía que una impresión podría surgir de algo existente y no existente. Puede que no haya resuelto la disputa, pero mejoró el crecimiento estoico en su impresión de que nunca pueden existir dos o más cosas que sean exactamente similares. Frede también trajo crecimiento a este punto de vista de que la impresión cataléptica se vuelve clara no por ninguna característica interna sino por los elementos externos. Según Frede, el estoico es más "externalista" que "internalista". Las críticas de los escépticos mostraron evidencia de que confiaban en el conocimiento (Goldman 94).

Ateneo cuenta una historia sobre Esfero, quien fue estudiante y colega de Cleanthes y Chrysippus, respectivamente. Se le mostró un banquete de pájaros de cera y fue acusado de dar su consentimiento a las falsas impresiones cuando trató de elegir una. Esfero fue inteligente, y respondió que dio permiso a la propuesta de pensar que eran reales pero no a la afirmación real de que eran pájaros reales. La lógica estoica distingue entre "asertivos" y "dichos". Los "dichos" son imperativos, cuestionan juramentos, maldiciones, invocaciones, y también incluye "asertivo". Los "asertivos", por otro lado, son "dichos" que nos ayudan a hacer declaraciones. La diferencia entre las proposiciones de Fregean y los "asertivos" estoicos es que el tiempo puede cambiar la verdad o el engaño de los "asertivos". Las preocupaciones de los estoicos se referían a la validez de sus argumentos y no a la lógica y la verdad. También usaron la lógica para proteger la ética e introdujeron la modalidad en esa lógica.

Física

Este topoi abarca la metafísica, la teología y las ciencias naturales del mundo de hoy. Echaremos un vistazo a cada uno de ellos individualmente.

En lo que respecta a la metafísica, eran deterministas. Según Cicerón, incluso si las circunstancias que rodean dos eventos son similares, no es imprescindible que los resultados sean similares, pero pueden serlo en el futuro incluso con los mismos factores a considerar. Los estoicos no incluyeron una oportunidad en su concepto, pero eso no significa que no lo pensaron. No, lo encontraron como un determinante de la ignorancia, y al igual que en el mundo de hoy, los eventos son simplemente eventos y no conocemos sus causas. En teología, los estoicos creían que había seres vivos y no vivos. Reconocieron los seres vivos, incluidos el alma y Dios, y los seres no vivos como el vacío y el tiempo. Puede contradecir su posición sobre el materialismo, pero para ser justos, es casi similar a los filósofos modernos que están de acuerdo en que se puede hablar del concepto abstracto porque somos los únicos que podemos juzgarnos físicamente.

Intentaron comprender la naturaleza a través de dos principios; los principios activos y pasivos: los logos, el activo y el pasivo que consiste en sustancia y materia. El principio activo no puede generarse ni destruirse, mientras que el principio pasivo en forma de aire, agua, fuego y tierra puede destruirse y crearse nuevamente. Según los estoicos, las conflagraciones cósmicas se replican de la misma manera debido a la naturaleza y no pueden cambiar. Muestra que los estoicos no estaban conscientes de Dios fuera del tiempo y el espacio porque razonaron que algo espiritual no podía actuar sobre las cosas, porque no tiene poderes subyacentes. De todo eso, White explica que produce una imagen biológica de la causa en lugar de una mecánica. Es considerablemente diferente de las filosofías después de la filosofía cartesiana y newtoniana.

Algunos modelos modernos también muestran un universo variado o idéntico pero eliminan la providencia. Eusebio fue citado por White, afirmando que el fuego es como una semilla que contiene el principio de todas las sustancias que causan sucesos pasados, presentes y futuros. Cicerón explica la teoría estoica en "De Fato" al comparar el destino con las causas predecesoras. Crisipo de Solos también argumentó que nunca hay un movimiento sin razón y relata que hay una causa para todo. Este concepto hizo que los estoicos adoptaran la adivinación, no una noción falsa, sino una subdivisión de la física. Los estoicos aceptaron que para que una persona prediga el futuro, no se ignoran las leyes, sino que se explotan.

Para la cosmología y las ciencias naturales, los seres humanos deben comprender la naturaleza y permitir que nos ayude a tener una vida eudaimónica. Para la ontología fundamental, los estoicos explicaron que los átomos degradaron el concepto de su unidad perfecta. Los efectos de la física sobre la ética son evidentes, y Cicerón los resume cuando dice que Crisipo se centró en la posición media en lo que podemos ver como una posición entre el libertarismo y el incompatibilismo en el mundo moderno. White y Spinoza quitaron el peso de la responsabilidad honorable a la dignidad y la autoestima.

Capítulo 4: El Tercer Topoi (Ética)

Este tercer topoi fue práctico. Siendo la ética el estudio de cómo las personas viven sus vidas, no fue fácil. Los primeros estoicos tenían un enfoque teórico. Cleanthes, Zenón y Crisipo sistematizaron y defendieron sus doctrinas de los críticos de los académicos escépticos y epicúreos. Concibieron la naturaleza humana como un animal social que traería justicia a las personas con respecto a su forma de vida: la oikeiosis, que era un concepto estoico también relacionado con esta idea. Para los estoicos, los seres humanos tienen instintos que pueden avanzar significativamente a medida que crecemos desde la infancia hasta la edad adulta: los estoicos asociaron estos instintos a la justicia, el coraje, la templanza y la sabiduría práctica. Perseguimos objetivos utilizando el coraje y la templanza, la justicia es una extensión de la preocupación por el aumento de personas en el mundo, y la sabiduría práctica nos da conocimiento sobre cómo manejar lo que encontramos en la vida.

Los estoicos aceptaron las cuatro virtudes y agregaron más en cada categoría. Un buen ejemplo es la sabiduría práctica que también incluía discreción y buen juicio. La templanza conllevaba honor propio, dignidad y autocontrol. El coraje consistía en confianza, perseverancia y magnanimidad. La justicia, por otro lado, estaba asociada con la piedad, la sociabilidad y la amabilidad. Crisipo también explicó la idea del pluralismo, y esto unificó más las virtudes y las hizo inseparables. Haddot trazó un paralelo diferente entre las virtudes, la topografía y la disciplina estoica, que consisten en acción, asentimiento y deseo. El deseo o la aceptación estoica consiste en aprender a aceptar solo las cosas que se encuentran en el universo y nada más allá de eso. El trabajo, que es la filantropía estoica, consiste en seres humanos que deben entrenarse para preocuparse por otros en el ejercicio de la justicia. La disciplina del asentimiento, también conocida como atención plena estoica, consiste en que los seres humanos deben saber cómo tomar decisiones sobre qué rechazar y aceptar en esta vida haciendo un juicio adecuado.

La ética trata de equilibrar la visión de los elitistas y el ascetismo. Explicó el punto de vista de los estoicos sobre lo que se prefiere y lo que no, como se explica en el libro sobre ética de Zenón. Zenón enseñó la diferencia en cosas con valor y sin valor. El primer grupo consistió en salud, educación y riqueza, mientras que el segundo consistió en pobreza, enfermedad e ignorancia. Este movimiento fue bueno y les permitió cosechar tanto de tanto de los peripatéticos como de los Cínicos. La conexión entre ética y física es que estudiar física influye en nuestra comprensión de la ética. Gregory Vlatos argumentó que la 'teocrácia' afecta nuestro concepto de la relación entre el orden del cosmos y la virtud. Es provocado por la física que informa la ética a través de una moda indeterminada. La ética tampoco está libre de física, ya que se puede entender directamente a través de ella. Muchos estoicos admiten la posición de Vlatos, pero algunos no tienen una postura clara sobre el asunto.

Por el mismo motivo, sería justo afirmar que los antiguos estoicos creían que había un dios representado por el principio racional que organizó el cosmos y que se distribuyó por todo el mundo de una manera que puede describirse como panteísta. También podemos argumentar que la metafísica estoica deja espacio para el átomo o Dios, que desarrollaron después de ser criticados por los epicúreos.

Capítulo 5: La Apatheia y el Tratamiento Estoico de las Emociones

En este capítulo, nos centraremos en las diferencias entre los epicúreos y los estoicos. Los Epicúreos señalan los diferentes lugares en los que los estoicos difieren de Garden; él le dice a Lucilio, que es su amigo, que no tiene ningún problema en tomar prestadas ideologías de Epicuro, siempre y cuando tenga sentido en ello. Él le dice que cruza la frontera como espía y no como desertor. Como habíamos dicho antes, los estoicos pensaban que lo esencial en esta vida es la virtud, mientras que los epicúreos sentían que era vivir moderadamente y evitar el dolor. De todos modos, la eudaimonia era algo que ambas escuelas defendían, y era similar a ambas. Para los estoicos, era la apatheia, mientras que para los epicúreos, era ataraxia. Sin embargo, era evidente que había algunas diferencias en los dos conceptos, especialmente en cómo las personas alcanzarían los diferentes estados.

Según Epicteto, la apateia es libertad de la pasión, y la ataraxia es tranquilidad. Es bueno explicar que 'pasión' no significa lo que sabemos en el mundo actual. Hoy la pasión tiene que ver con las emociones, pero según los estoicos, la pasión se dividió en saludable y no saludable. En insalubres, consistía en miedo, placer, dolor, ansia, mientras que en insalubres, había deleite, voluntad, discreción. Es bueno notar que el dolor no tenía un ítem positivo correspondiente. Para los estoicos, la pasión no son emociones y reacciones instintivas, sino consecuencias del juicio y la afirmación de algo. Los estoicos sabían que había reacciones que no podemos controlar y, por esa razón, se centraron en las respuestas que podemos controlar.

Para los estoicos, el dolor no es el dolor que sentimos, pero el acto de no evitar algo que sabemos es terrible. El miedo espera que ocurra algo terrible; anhelar es el acto de querer algo que llamamos bueno; placer es el acto de elegir algo que no vale la pena. Por otro lado, eupatheiai se produce evitando las cosas malas, un buen deseo de buena voluntad y la felicidad sobre el deleite. Todas estas son las razones por las que la apatheia nos compara en nuestras experiencias con lo que la vida nos arroja: si razonamos en esas experiencias, no nos preocuparemos por las cosas que no justifican nuestra preocupación y seremos felices en las cosas que nos preocupan.

Otra diferencia entre las dos escuelas de pensamiento es la ruta que toman para llegar a la apatheia y la ataraxia. Para los epicúreos, la ataraxia fue un logro que se obtuvo al evitar el dolor y mantenerse alejado de la vida política y social. Epicuro buscó amistades cercanas pero evitó extender aún más sus interacciones para evitar experimentar dolor físico y mental. Estoico tenía el objetivo de ejercer la virtud, y esto los convirtió en seres sociales. Marco Aurelio afirmó insistentemente en Meditaciones que necesitamos despertarnos todos los días por la mañana para ser útiles en nuestras sociedades. Hierocles explicó más el concepto de cosmopolitismo. Contaba cómo los seres humanos deben seguir la naturaleza y ser sociables mientras hacen juicios racionales. Podemos decir de manera concluyente que la apatheia no era un objetivo estoico sino un fruto de tener una vida virtuosa.

Capítulo 6: El Estoicismo Después de la Era Helenística

El estoicismo ha tenido una enorme influencia en el mundo moderno en la filosofía occidental; tan larga fue la lista de los filósofos afectados por el estoicismo como Kant, Adam Smith, Descartes, Tomás Moro, Rousseau, Leibniz y Agustín. Estos filósofos se ven afectados directamente, indirectamente o ambos. Durante el Renacimiento, la carta de Séneca y Enchiridion, ambos libros estoicos, se inclinaron hacia el estoicismo y fueron leídos ampliamente, por ejemplo, De Offissis por Cicerón. El cristianismo simpatizaba más con el estoicismo que con el epicureísmo. La elección de los epicúreos de apoyar el placer y el caos cósmico no podía mezclarse con las ideologías del cristianismo. El apoyo estoico al materialismo fue rechazado y muy criticado mientras aceptaban fácilmente Logos.

Los cristianos tienen sentimientos encontrados sobre el estoicismo. Agustín escribió palabras favorables, pero luego lo rechazó. Tertuliano apoyó el estoicismo y algo de Enchiridion. John y Pedro Abelardo también lo promovieron, mientras que Thomas fue muy crítico con él. Justo Lipsio revivió el estoicismo durante el Renacimiento. Fue un filólogo y humanista clásico que publicó ediciones de Tácito y Séneca. Explicó que los cristianos podrían encontrar ayuda del estoicismo cuando están en problemas, pero también señaló las ideologías en el estoicismo que son inaceptables en el cristianismo.

El neostoicismo tuvo una recepción mixta. Calvi era crítico con el "Novi estoico" incluso antes de que Justo lo hiciera, ya que quería el renacimiento de la apatheia. Sellars señala que un texto de Neostoicismo comenzó con un comentario de advertencia para detener la crítica aguda. El neoestoicismo no fue totalmente aceptado ya que su impacto proviene principalmente de Justo y quizás de alguna pequeña influencia de Montaigne. El filósofo esencial del mundo moderno que fue influenciado por el estoicismo es Spinoza. Leibniz lo acusó de ser un líder de secta con Descartes. Hay algunas similitudes entre la comprensión estoica del mundo y la de Spinoza. En ambos, tienen un Dios que controla la naturaleza y el universo. Bueno, los estoicos realmente entienden el cosmos como dual, pero al contradecir el concepto de Spinoza, los principios "pasivos" y "activos" de los estoicos se entrelazaron y produjeron una realidad unitaria.

Como Long nos muestra que la diferencia estaba en la comprensión de Spinoza de que Dios tiene atributos infinitos era contradictorio con el Dios finito de los estoicos. También señala que las similitudes son más si pensamos en términos de ética. Debido a esto, la ética de Spinoza es la misma que la de los estoicos. Con ese conocimiento, podemos ver otra diferencia en que Spinoza se negó a creer en una teleología oculta para este universo. Pensó que no hay Dios y que la naturaleza no tenía un objetivo. Para entender mejor, podemos tomar a Spinoza como la escalera que conduce al sistema estoico.

Por último, veremos la conexión entre Kant y los estoicos, especialmente el deber, que va más allá de las consecuencias de las acciones de una persona. Es Long quien señala las diferencias nuevamente, y Kant utilizó el razonamiento para hacer su sistema mientras que los estoicos eran naturales y puros de corazón. Esta diferencia también se encuentra en sistemas deontológicos y sistemas eudemonísticos como el de Kant y el Estoico. Solo recientemente quieren revivir el estoicismo como una filosofía moral realista.

Capítulo 7: El Estoicismo Contemporáneo

En el mundo de hoy, vemos avivamientos del estoicismo y la ética. Tales obras de algunos filósofos han revivido la ética de la virtud como una alternativa para los enfoques deontológicos. Según David Chalmers y David Bourget, su filosofía afirma que la deontología es el marco principal con un 26%, seguido de cerca por el consecuencialismo con un 24% y luego, rezagados, encontramos la ética de la virtud con una puntuación del 18% y otras posiciones que reciben menos apoyo. Es evidente que la ética no es un concurso de reconocimiento, pero los porcentajes anteriores muestran que el resurgimiento de la ética de la virtud en la filosofía y las biografías actuales ocurre a un ritmo constante. Específicamente, las obras de estoicismo son más pronunciadas y aparecen con un alto estándar. Algunos ejemplos son Inwood 2003, Brower 2014, Graver 2007, McGlynn 2009, Goodman 2012 y muchos más.

También podemos decir que el estoicismo está volviendo a sus raíces ya que los antiguos estoicos defendieron sus sistemas como una guía práctica para las experiencias de la vida cotidiana y no teórica. Epicteto no mordió sus palabras para tratar de ocultar su desprecio por las filosofías teóricas. Afirmó que las teorías nos enseñaron cómo examinar los argumentos y alcanzar las habilidades que las personas necesitan para evaluar la lógica, pero en realidad y practicidad, lo que decimos hoy como usuarios podría estar equivocado mañana. Podemos encontrar las raíces del estoicismo moderno en la logoterapia de Frankl y Albert Ellis. El estoicismo no es una terapia sino una filosofía, y algunos filósofos como John Sellars, Lawrence Barker y William Irvine dieron ejemplos del estoicismo del siglo XXI. Todos estos filósofos intentaron separar la denotación filosófica de "estoico" de la de Estoico como una palabra común en inglés que muestra a una persona que camina en esta vida con el labio superior rígido. A pesar de las diferencias, hay similitudes en ambos; Por ejemplo, ambos enfatizan la resistencia.

Becker e Irvine explicaron bien sus intentos de revivir el estoicismo para la sociedad moderna de hoy. Irvine contribuyó con que algunas cosas, como las acciones y nuestro juicio, dependen de nosotros, mientras que otras, como el pasado y los sucesos naturales de los que no tenemos control. También señaló que tenemos control parcial sobre varias otras cosas. Para explicar más sobre la filosofía de Irvine, podemos tomar un ejemplo de una pelota de béisbol. Para los resultados del juego de béisbol, tenemos control parcial; podemos jugar bien o mal e influir en los resultados, pero algunas variables en las que no tenemos control, como la imparcialidad del árbitro. En un juego así, tu objetivo no debería ser ganar, sino hacerlo lo mejor posible, ya que eso es sobre lo que tienes control.

Becker lo expuso mejor. Señala que hay diferencias entre el antiguo estoicismo y el moderno. Los intentos de Becker e Irvine de revivir el estoicismo estarán determinados por las filosofías futuras y el nacimiento de movimientos populares. Desde principios del siglo XXI, hemos visto un crecimiento significativo en ese movimiento. Tenemos varios blogs dedicados al estoicismo moderno, por ejemplo, Stoicism Today. También tenemos una aparición considerable de tales grupos en las redes sociales, por ejemplo, el Grupo de Estoicismo en Facebook.

Capítulo 8: Ejercicios Espirituales Estoicos

Práctica de Desgracia

No es fácil estar en la peor situación, por ejemplo, ser la persona más pobre para ser la persona más fea de la tierra. Los estoicos creen que puede suceder que te encuentres en tales desgracias y, por lo tanto, es imprescindible tener una experiencia o probar una situación con tales desgracias. Por ejemplo, cuando usted es un hombre rico, tómese unos días y asuma que no es rico sino pobre. Piense en el tipo de ropa que usan las personas pobres, el tipo de comida que comen y dónde duermen, entre otras dificultades que experimentan en su estado. Practique vivir como un hombre pobre pasando por las peores experiencias que atraviesa; no sienta la tentación de volver a sus riquezas antes de que terminen los días que has establecido para la práctica. Recuerde, no es imaginación; se trata de hacerlo y practicarlo.

Esta práctica es importante de vez en cuando, ya que hace que uno no sea esclavo de estar en una determinada condición o poseer una determinada propiedad. Te da la oportunidad de probar ambos lados de la vida y, por lo tanto, hacerte pasar por la vida sin el sentimiento de ansiedad y miedo causado por la incertidumbre de la vida; recuerda que el miedo y la ansiedad solo llegan cuando no sabes sobre el futuro, no se trata del pasado. La práctica, por lo tanto, debe ser sobre algo que temes que te pueda pasar; practique el uso de los peores escenarios.

Entrenar la Percepción para Evitar lo Bueno y lo Malo

La percepción del entrenamiento significa lo que sea que sea experimentado, siempre hay un lado bueno de ello. Los estoicos creen que cuando una persona se enfrenta a problemas, él o ella puede volcar la mala experiencia o el problema en una oportunidad para experimentar cosas buenas. Uno de los estoicos, Epicteto, dijo que cada hombre tiene recursos dentro de él o ella que pueden ayudarlo a enfrentar cualquier desafío. Por ejemplo, cuando uno pasa por una experiencia dolorosa, él o ella desarrolla resistencia; una característica que se requiere puede ser en el futuro.

A veces estamos decepcionados por la participación de los eventos, que drena mucha energía de nuestros cuerpos; en este caso, pierdes y te manchas mental y físicamente. En lugar de pasar por todas estas experiencias extenuantes, es mejor aceptar la situación y todo lo que la rodea, y ejercer la virtud; al menos mejorarás después de la experiencia. No es fácil aceptar todo lo que trae decepciones, pero paso a paso acepta que todo sucede para que seas mejor, y solo tú aprovechas la oportunidad para crecer y disfrutar cada minuto de ello.

Aceptar la experiencia negativa y convertirla en una oportunidad tiene que ver con la percepción. La práctica estoica implica ir más allá de su primera percepción sobre un cierto acontecimiento; átelo para poder ver que las cosas son el problema. Por ejemplo, su madre muere cuando todavía eres un adolescente y, según tú, todavía la necesitabas porque todavía no has madurado lo suficiente como para cuidarte. Sin embargo, más allá de la pérdida, hay una oportunidad para que ahora se convierta en una persona madura y responsable. Por lo tanto, cuando experimente dificultades, siempre puede elegir la mejor opción que lo ayudará a convertirse en una mejor persona.

Recuerde – Todo es Efímero

Los estoicos no consideran que todo lo que poseen es más importante ni usan sus logros para verse grandes. Recuerde al amigo cercano o miembro de la familia que amaba mucho, le fue arrebatado: murió. Recuerde a las personas prominentes en el mundo, el fundador de la compañía Apple, los científicos que descubrieron las leyes científicas que todavía se usan en la actualidad; todos murieron a pesar de sus logros y prominencia. Esto significa que incluso con sus logros, usted es muy pequeño y su cuerpo y mente que usaste para obtener todo lo que le fue arrebatado. Los ricos en el mundo también mueren viviendo sus propiedades; usted no puede estar atado a sus posesiones para siempre. Esto significa que todo lo que tiene en la tierra no es suyo y, por lo tanto, solo considérelo prestado. Cuando tome prestado algo de un amigo, no lo guarde tanto; lo usa y lo devuelve al propietario. Del mismo modo, todas las cosas en la tierra deben considerarse prestadas y, por lo tanto, solo úselas cuando las tenga; no se aferre a ellos ni desarrolle un apego porque, en poco tiempo, puede perderlos todos.

Por lo tanto, es inútil sentir enojo por algo que le fue negado o algo que fue valioso para usted y destruido por otra persona. No lastime a los demás porque eres el hombre más rico del mundo, el político prominente o el famoso jugador de fútbol. No es nada o es muy pequeño, y en poco tiempo, puede perderlos, y su nombre solo se leerá en los libros. por lo tanto, es importante practicar que antes de lastimar a alguien o hacer algo impensable debido a una propiedad que tanto ama, recuerde que no todo es suyo, incluidos su cuerpo, amigos y familiares.

Tome la Vista Desde Arriba

A los estoicos les gusta mirar la vida desde una perspectiva más amplia, lo que se conoce como mirar desde arriba. Mirar desde arriba es estar en un lugar alto en el cielo y ver tantas cosas que están en su hábitat, que es la tierra. Solo puede tomar ese punto de vista si usted está fuera de este mundo, quiero decir, cuando está muerto. En ese estado, en la tierra, verá los animales, el agua en los lagos, océanos y ríos, suelos y plantaciones. Hay una variedad de creaciones, pero algunas están en extinción. Mirando la tierra, uno visualizaría a las personas que han pasado por el mismo mundo, aquellos que todavía están vivos en aquellos que estarán allí en los próximos años. Algunos nunca los ha visto, y aún así vive con ellos en el mismo mundo, y los que vivirán en los próximos años, nunca los verá. Mirando todo, se da cuenta de que debe haber un papel que jugó en la tierra, era grande o pequeño que no tuvo un impacto en la tierra y todas las cosas y los seres no vivos. No puede retroceder en los tiempos para revivir la vida que usted vivió antes de morir, por lo que tiene el impacto que siente que es lo suficientemente grande como para influir en la vida en la tierra. Esto significa que cuando ha vivido la vida, no hay necesidad de detenerse en lo que ya pasó; lo único que usted puede cambiar es la vida que está viviendo hoy y, por lo tanto, solo aprecia lo que se hizo en el pasado y apreciarlo.

Este ejercicio le ayuda a mirar las cosas desde una perspectiva más amplia y siempre lo usan quienes aspiran a vivir una vida mejor que la que vivieron en el pasado. El error que comete la mayoría de las personas es que cuando cometen un pequeño error, se detienen en él, olvidando que todavía tienen una vida por delante; los remordimientos solo lo empujan hacia atrás y, por lo tanto, solo se centran en las cosas más importantes que pueden cambiar su vida. El ejercicio y la práctica que le permiten mirar la vida sin llegar a una conclusión sobre su propia vida mirando el pasado; mírelo desde una perspectiva más amplia al apreciar primero lo que la vida le ofrece en el presente y aprovechar al máximo la oportunidad que tiene de ser feliz, lograr lo que pueda dentro del tiempo que le queda en la tierra.

También puede ver la vida desde una perspectiva más amplia al observar la desgracia de los demás. Todavía usted está vivo mientras otras personas están muertas, está sano mientras otros luchan por su vida en la máquina de salvar vidas. Es feliz con su cónyuge; aunque usted sea pobre, tenemos algunas personas que viven en una casa palaciega y, sin embargo, no conocen la paz. Puede que esté mirando su vida y piense que la suya es una vida miserable, pero cuando mira a otras personas, se dará cuenta de que la vida le ha dado mucho más de lo que merece y, por lo tanto, solo la aprecia y hace bien en ella.

Memento Mori (Medite sobre su Mortalidad)

Meditar sobre su mortalidad es recordarle que no vivirá para siempre, y nadie sabe el día en que morirá. Por lo tanto, cada día, usted debe meditar sobre su muerte como ahora. Si muriera en este momento, ¿cómo seré en términos de mis actos? Sin embargo, esto hace que uno piense en lo que dicen y lo que hacen en sus vidas. La meditación le recuerda que puede morir en cualquier momento y, por lo tanto, no pierda ningún minuto de su vida, úselo para hacer algo bueno y haga felices a otras personas.

Algunas personas critican este ejercicio diciendo que hace de la muerte el fin de todo y, sin embargo, no lo es. Sin embargo, no solo los que están a punto de morir se apresuran a hacer que la vida tenga un propósito y esté llena de cosas buenas. La práctica está destinada a recordar cosas buenas todos los días; por lo tanto, te ayuda a vivir la vida que deseas. Esta es una vida llena de bondad y satisfacción.

Pasó más tiempo con las personas que Dios le ha dado, haga lo que está posponiendo en este momento porque no está seguro del mañana. Este ejercicio también ayuda a administrar bien el tiempo y aprovechar las oportunidades que se nos brindan todo el tiempo.

¿Está Esto Bajo mi Control?

Nuestra felicidad está determinada por las cosas que podemos controlar y las que no podemos controlar. Es imperativo saber las cosas que están bajo su control y las que no. En la vida, las cosas que no podemos controlar son demasiadas de las que podemos controlar. Por ejemplo, no podemos controlar completamente lo que nos puede pasar, a las personas que nos rodean, y lo que hacen y dicen. No podemos controlar completamente la salud de nuestros cuerpos y nuestras preferencias, entre muchas otras cosas. Lo que controlamos es la forma en que pensamos y cómo percibimos las cosas que vemos, oímos y probamos. Por lo tanto, el secreto es que usted puede controlar nuestra felicidad cambiando la percepción de las cosas.

Si puede distinguir o identificar las cosas que puede controlar y las que no puede, entonces será más fácil vivir una vida libre de estrés. Cuando se enfrente a una situación, es bueno, por lo tanto, ejercitarse a través de una conversación con usted mismo, preguntándose si lo que está tratando está bajo su control o no. Por ejemplo, se está mudando a un nuevo vecindario y porque tendrá vecinos que llegaron allí antes que usted y aquellos que lo encontrarán allí. Por lo tanto, usted no tiene control sobre el rey del vecino que debería tener, y esto no debería preocuparle. Simplemente desarrolle una actitud positiva hacia los vecinos que tiene y los que pueda tener en el futuro e intente hacerles frente. Una vez más, no está completamente seguro de que adoptar la actitud correcta seguramente conducirá a un buen vecindario porque tiene una idea si notarán su esfuerzo y corresponderán. Por lo tanto, simplemente sé feliz de tener la actitud correcta, y el resto simplemente encajará.

Diario

El día siempre está lleno de muchas actividades, y algunas de las actividades son de naturaleza repetitiva. Te das cuenta de que si las actividades son repetitivas, si usted no mira de manera crítica la forma en que las haces, existe la posibilidad de que haga lo mismo una y otra vez, probablemente repitiendo los errores o haciéndolo incorrectamente todos los días. Algunas personas se preguntan por qué no crecen social, intelectual y económicamente. Esto se debe a que no tienen una rutina de llevar diarios de lo que han hecho durante el día.

El diario no solo debe incluir lo que ha hecho durante el día, sino también cómo lo ha hecho. El diario también debe mostrar una lista de las cosas buenas que ha hecho, y aquellas que cree que no ha hecho bien podrían recibir una descripción de cómo puede mejorar para mejorarlo. Mejorarse es esforzarse por ser una mejor persona todos los días y, por lo tanto, también se debe registrar su diario sobre cómo ha mejorado y dónde planea mejorar y cómo planea hacerlo.

Todo el registro en el diario lo ayuda a crecer. La parte de lo bueno que ha hecho le motiva; cuando usted hace algo bueno, trae energía positiva de su lado, dándole una fuerza de avance que le permitirá hacer más bien mañana y en el futuro. La parte de lo que no ha hecho bien indica que debe mejorar; brinda información sobre los aspectos específicos en los que se supone que debe mejorar. La reflexión sobre lo que no ha hecho bien proporciona un pensamiento crítico que brinda opciones sobre cómo mejorar y ayuda a evaluar las opciones para encontrar la mejor opción.

Tener este ejercicio al final de cada día es importante ya que motiva a un individuo a esforzarse por ser una mejor persona. También muestra el progreso a medida que la evaluación diaria ayuda a saber lo que ha logrado y lo que no. También actúa como una guía de lo que uno quiere lograr en el futuro.

Practique la Visualización Negativa

Se espera que todos sean positivos sobre el futuro y no piensen en resultados negativos. Se llama mantener energía positiva. Este no es el caso cuando se trata de estoicismo. El estoicismo permite que un individuo practique la visualización negativa porque no es todo lo que sería positivo, incluso si hubiera hecho todo bien. Este ejercicio ayuda a una persona a imaginar las cosas que podrían salir mal en el futuro y prepararse para ellas en caso de que sucedan. Este ejercicio comienza analizando los planes que tiene en el futuro y revisándolos uno por uno, y ensayando cómo se realizarían y los recursos necesarios. Las personas involucradas en los planes también deben ser consideradas y su disponibilidad; recuerde, si va a hacer un viaje largo usando un automóvil, el conductor de su automóvil puede enfermarse en el camino, incluso si ha tomado todas las precauciones y su cuerpo está en buenas condiciones. Además, las personas tienen sus planes, y cuando usted planea incluirlos en los suyos, su disponibilidad debe conformarse y planificarse, pero eso no significa que estarán allí para usted. Esto no significa que sus planes se detengan, siempre tenga una alternativa. Por lo tanto, debe ocuparse de las eventualidades teniendo otro conductor con usted.

Este ejercicio asegura que ponga todo en su lugar; alguien dijo que no planificar es planear fallar. No debe permitir que no lo encuentre; planifíquelo para que, si surge, tenga formas de evitarlo.

El fracaso también hace que las personas se sientan frustradas y, dependiendo de la personalidad y de lo grave que le haya afectado, puede tener un efecto en su salud mental; tener el control del futuro y el hecho negativo que se espera te hace tener el control del futuro.

Amor Fati (Ame Todo lo que Sucede)

A veces lamentamos o nos sentimos mal cuando algo sucede, y no está a nuestro favor. No es fácil controlar lo que sucede en el mundo; por lo tanto, es mejor adoptar la actitud de que lo que sucede es por una razón y cuando sucede, no se preocupe por cómo sucede; sé feliz, independientemente de si ha sucedido a tu favor o no. Las personas que practican el estoicismo se concentran solo en lo que pueden controlar y los eventos de cualquier cosa que no pueden controlar; lo dejan al destino. Cuando sucede algo que está fuera de control, es una realidad porque ya está hecho y, por lo tanto, aceptarlo es lo único que se puede hacer. Aceptarlo significa que no debería traer infelicidad a nadie y, en cambio, se supone que uno debe amarlo como es. La esencia de esta actitud es que, incluso si te vuelves infeliz, no hay nada que puedas hacer al respecto; no puede retroceder los tiempos para deshacer la acción, e incluso si lo hace, aún no puede hacerlo de manera diferente porque no tiene control sobre la situación.

Algunas cosas, que sucederán en el futuro, también exhiben las mismas características. Incluso si usted lucha con toda su energía, el destino seguirá siendo el mismo. Por lo tanto, no hay necesidad de esforzarse por ello. Por ejemplo, cuando va a una entrevista y está atrapado en el tráfico, no hay nada que pueda hacer si esa es la única ruta y medio de transporte al lugar de la entrevista. Incluso si camina, le llevará más horas y aún llegará tarde. Lo único es aceptar el hecho de que llegará tarde y rezar para que todo lo que suceda cuando llegue al lugar de la entrevista sea a su favor. Sin embargo, si no funciona a su favor, simplemente acéptelo como bueno y siéntase feliz nuevamente, porque no tiene control sobre la situación. Aferrarse al evento le hace miserable; las cosas pasan y pasan; por lo tanto, no es saludable apegarse a lo que quería que sucediera o a lo que le gusta.

Capítulo 9: El Estoicismo es Ideal para el Mundo Real

En los últimos capítulos, ya hemos tenido una visión profunda del estoicismo y cómo llegó a ser. Hemos analizado la historia y los antecedentes del estoicismo, sin olvidar el estoicismo griego y romano. Este capítulo se centra en la relación que el estoicismo tiene con el mundo real. Como hemos visto anteriormente, el estoicismo se refiere a la no exhibición de sentimientos incluso cuando se está pasando por tantas cosas.

Los estoicos en un intento por desarrollar una guía práctica para la vida cotidiana desarrollaron tres disciplinas mediante el uso de la ética, la física y la lógica. La lógica forma una base cuando se trata de pensar sano y hacer un buen juicio. Esta base es necesaria para decodificar los siguientes brazos. Pasamos a la física. La física implica la comprensión de la naturaleza humana, y la forma en que se compone el mundo es un elemento básico en un intento por asegurar cómo funciona el mundo. Cuando tenemos una base para esto, podemos llevar nuestras vidas de la mejor manera posible. ¿Qué se conoce como ética? La orientación se dividió en tres disciplinas, a saber, el asentimiento, el deseo y la acción. Estas fueron las obras de Epicteto. Aunque existen estas distinciones, las tres se casan entre sí.

Epicteto explica tres cosas con las que un hombre debe asociarse si quiere ser mentalmente apto. Lo que deseamos y lo que rechazamos. Esto está en un intento por garantizar que usted consiga lo que desea y no entres en lo que no quiere. Esto implica una vida cuidadosa. En segundo lugar, viene la locomoción. Así es como se mueve un individuo. Implica no caer en la imprudencia. Por lo tanto, tenga cuidado en lo que haga. El tercero es el del asentimiento. El asentimiento implica no mostrar tus emociones incluso en el peor de los eventos.

El Asentimiento como una Disciplina

La disciplina conocida como asentimiento corresponde con la lógica. La disciplina tiene el efecto de crear una distinción entre el comportamiento de los seres humanos de la razón y los animales. Esto se debe a que implica el proceso de búsqueda pura de conocimiento, que a menudo lleva a adquirirlo y luego decodificar el conocimiento. Según los estoicos, los seres humanos obtienen conocimiento de lo que pudieron haber experimentado en el pasado. Además, compran de la escuela de pensamiento que, como seres sociales de la naturaleza, tenemos algunos conceptos predeterminados innatos que miden nuestro comportamiento moral. Antes de otorgar o negar algo, usamos la razón para emitir un juicio. Este juicio a menudo es el resultado de asentir a algo o no hacerlo. Esto también se ha denominado frenosis. La frenosis se refiere al proceso por el cual un individuo puede emplear la sabiduría práctica en sus actividades cotidianas. Esto implica tomar la decisión correcta siempre que sea necesario. Hoy en día, el acto de usar la sabiduría práctica se puede denominar como conciencia, La atención plena implica tomar la decisión correcta siempre que sea necesario.

Nos encontramos con varios eventos en nuestras vidas, y lo que nos preocupa no es el evento sino la forma en que respondemos al evento. Toma, por ejemplo; alguien hace algo mal con usted. Se inclinará a responder de la manera que desee. Aunque hay que tener en cuenta que cada respuesta tiene una consecuencia. Su mente como herramienta es lo que decide lo que sucede a lo largo de su día. Su mente será la razón por la que participa en diversas actividades y por qué responde a varios estímulos de la manera en que lo hace. Las consecuencias de sus acciones siempre le seguirán por el camino. Esta disciplina se relaciona con los pensamientos correctos y la implicación de la razón para guiarse.

La disciplina del asentimiento se manifiesta de varias maneras en nuestras vidas. Tomemos, por ejemplo, que está conduciendo por el callejón, y una camioneta viene y golpea su parachoques y luego se aleja rápidamente. Su primera reacción hacia el incidente será detenerse de emergencia. Luego maldecirá al conductor que estaba en la camioneta mientras se aleja. Cuando escuchó el golpe en la parte trasera de su vehículo, se detuvo abruptamente. Esto es lo que se conoce como el uso de las emociones de manera correcta. Estaba conmocionado porque las cosas no estaban en su estado actual y, por lo tanto, decidió detenerse y asegurarse. Cuando descansó seguro de que estabas a salvo, la sensación de enojo surgió como lo muestran las desagradables disputas que dejó salir hacia el conductot . La ira llega como resultado de usar las emociones de manera incorrecta. Los eventos ya han tenido lugar, y no hay necesidad de que se enoje en este punto.

La ira solo le servirá como una desventaja porque usted será emocional y, por lo tanto, fácil de cometer errores. La ira puede hacerle afectar más accidentes. Los estoicos relacionaban el pensamiento según la naturaleza con la vida según la naturaleza. Esto implica el uso correcto de su mente al tomar decisiones racionales. El proceso de pensamiento se dividió así en dos. Esto involucraba uno que estaba de acuerdo con las emociones, por lo tanto, un pensamiento intuitivo y otro que estaba de acuerdo con la razón.

El Deseo como Disciplina

La disciplina del deseo puede estar vinculada al control. Todos tenemos una comprensión de lo que es el deseo. El deseo se refiere a la falta de algo. Cuando usted desea algo, está completamente desprovista de esa cosa.

La idea que subyace bajo la disciplina del deseo se comprende fácilmente. En la vida, estamos definidos por nuestras clases sociales y nuestras habilidades de una forma u otra. No importa cuánto intentemos eclipsar este hecho, esta es la veracidad de lo que sucede. Por ejemplo, hay cosas que están bajo nuestro control y otras que no. Los que están bajo nuestro control, podemos manipularlos de la manera que deseamos, pero los que no lo están, podemos hacer muy poco al respecto. Por ejemplo, hay cosas que están bajo nuestra manipulación directa. Esto incluye pero no se limita a: reacciones, deseos y juicio. Sin embargo, hay cosas que no están bajo nuestro control. Intentamos controlar estas cosas dándolo todo. Esto puede incluir nuestros objetivos, los que establecemos para lograr. Pueden ser a largo plazo o a corto plazo. A menudo hay una posibilidad cincuenta y cincuenta de tener éxito, por lo tanto, al participar en algo; es esencial considerar las probabilidades. Es posible que las probabilidades no siempre estén a su favor, a veces la situación puede cambiar y usted necesita saber cómo responder cuando esto ocurre.

Muchos temas religiosos se han relacionado con este tema al extraer referencias de sus diversas oraciones. Por ejemplo, una oración buscando a Dios para darnos la calma al aceptar quiénes somos y qué no podemos cambiar. Caemos en una depresión profunda, generalmente porque queremos influir en los cambios sobre lo que no tenemos poder. Nos importa mucho lo que los demás piensen de nosotros y no lo que queremos para nosotros mismos. Los sentimientos y opiniones de nuestros amigos están fuera de nuestro alcance de lo que podemos influir. No tenemos control sobre eso. Centrarse en eso a menudo le traerá estrés porque no obtendrá los resultados deseados.

Imagine un escenario en el que está a punto de ir a una entrevista. Aquí debe centrarse en las cosas que serán un plus para su currículum. Si deja que su ansiedad lo desoriente hasta el punto de preocuparse por el entrevistado, cómo pueden reaccionar a sus respuestas, cambiará sus deseos a un lugar donde no tenga control alguno. Los sentimientos de los entrevistados nacen con ellos y se quedarán con ellos. Su manipulación no está en su jurisdicción. Su mejor enfoque puede ser centrarse en la mejor manera en que hará su parte. Esto jugará un papel importante para ayudarle a acercarse a su trabajo. El pensamiento creativo es un método por el cual usted compromete su mente en el análisis absoluto de los pensamientos que se construirán sobre su situación.

El deseo debe ser domesticado para adaptarse a los zapatos de nuestra capacidad. Domar el deseo requiere meditación en paz. Está en su propio mundo y puede visualizar lo que está al alcance y lo que no. La meditación también le lleva al presente y le relaciona con las situaciones en cuestión. Usted es consciente de lo que no está bajo su control y, por lo tanto, puede responder positivamente. Nuestra capacidad de permanecer presente en las situaciones actuales se incrementa. Cuando aceptamos el acto de estar presente, la toma de decisiones se vuelve más fácil para nosotros.

La Acción como Disciplina

Todos participamos en diversas acciones como resultado de varios factores desencadenantes que se manifiestan en nuestras vidas. La acción correcta es a menudo rara. La gente actuará por impulso y arrepentimiento después. Su respuesta por lo tanto, su acción tiene que ser cultivada de una manera que sugiera que tiene un sentido de dirección. Una acción combinada con otra acción a menudo conducirá a una acción mayor. Para lograr algo grandioso, usted debe hacer las cosas paso a paso. A menudo ha escuchado a alguien referirse al dicho de un viaje de mil millas. La persistencia y la perseverancia es lo que gana el día. Cuando logras una acción a la vez, se dará cuenta de la magnitud de esto al final del día.

La audacia y el coraje son lo que se abraza al realizar una acción. La timidez a menudo causa que la acción no tenga efecto. La fuerza aplicada en la acción no es una fuerza bruta. Es una fuerza especializada dirigida hacia su mejor interés. ¿Por qué actuamos? Hacemos esto en respuesta a varios factores desencadenantes de nuestros puntos de presión, lo que nos obliga a renunciar a nuestra naturaleza estacionaria y adoptar uno que sea locomotor. Esta es la definición de acción correcta. Cuando nos enfrentamos a obstáculos en nuestras vidas, la solución a menudo radica en la acción correcta.

Incluyen tres facetas que actúan como una ayuda al determinar la acción correcta a tomar. Incluyen ritmos de reunión, métricas y prioridades. Con estas herramientas, está en condiciones de tener un pronóstico sobre lo que sucederá en el futuro. Puede sopesar las consecuencias de una acción antes de involucrarse en ellas.

La prioridad le ayuda a sopesar sus problemas en una jerarquía. Esta jerarquía le permite sopesar sus problemas de una manera que va desde el que requiere una respuesta inmediata hasta los otros que pueden esperar. De esta manera, puede resolver sus problemas sistemáticamente. No se fija tanto por los problemas que tienen una menor implicación en su vida. Las métricas implicarán el análisis de las consecuencias. Con esto, puede anticipar las consecuencias. La métrica, en su sentido, implica medir la diversidad de algo. Con las métricas a mano, puede actuar en consecuencia y de la manera correcta. Siempre utilizará sus opciones antes de conformarse con una opción en particular. Sus acciones no serán apresuradas sino más bien bien pensadas. Las métricas también serán una ventaja en su vida diaria. Cuando sopesa sus opciones correctamente, está en una posición en la que usted no se encontrará en problemas todo el tiempo.

Con los ritmos de reunión, de la misma manera que está preparado ante los problemas, estará esperando oportunidades para llamar a su puerta para maximizarlos. No pasará por alto las oportunidades y pisará con cuidado e inteligencia. El comercio inteligente tiene el efecto de hacer que un individuo tenga éxito en lo que sea que esté haciendo. Cuando tenga problemas, analizará las diversas respuestas que puede asumir y estará listo para tomarlas cuando surja la necesidad. La acción a menudo se piensa a través del proceso y no por un evento.

Capítulo 10: Controle sus Emociones para Encontrar la Paz Interior

Nos encontramos con varios casos en nuestras vidas, y cómo respondemos normalmente es un reflejo de cómo nos sentimos. La mejor manera de controlar nuestras emociones tendrá un efecto en cómo respondemos positivamente a diversas situaciones. Existen varias técnicas que podemos usar para controlar nuestras emociones.

Practique la Respiración Profunda

La ciencia dice que cuando respira profundamente, aumenta la producción de endorfinas que darán lugar a una mayor actividad cerebral. De esta manera, puede sentirse menos tenso y ansioso. El aliento fresco lleva consigo un nuevo suministro de oxígeno, que es importante para mantener su cerebro apto. Se ha visto que los programas simples de respiración alivian el estrés. Usted puede acostumbrarse a hacer estos ejercicios siempre que sienta que sus emociones te abrumarán. Antes de realizar un ejercicio de respiración, hay varias cosas que debe considerar. El lugar para este ejercicio debe ser un lugar cómodo. Su modo de vestir debe ser uno que no cause distracción. La respiración profunda vendrá por sí sola, y es un asunto de necesidad, no de fuerza. La respiración profunda no es forzada, sino que viene por sí sola. Esta práctica se puede hacer dos veces al día. Estos ejercicios no duran mucho, ya que no le tomarán mucho tiempo.

Una idea errónea que siempre ha prevalecido entre las personas es que tienden a tomar respiraciones superficiales como remedio para las respiraciones profundas. Las respiraciones superficiales tienen el efecto de apagarle. Su energía se apaga con respiraciones cortas y superficiales porque tienden a aumentar la ansiedad en lugar de disminuirla. Imagine que está jadeando como un perro ante los problemas, esto puede incluso terminar desmayándose. Antes de continuar con el proceso de respiración, tenga en cuenta que debe:

Asegúrese de estar cómodo, puede ser una postura horizontal con una almohada debajo del cuello, o puede ser una postura sentada en una silla con la cabeza y los hombros apoyados.

Al respirar, deje que el aire fluya a través de sus fosas nasales, deje que llene la cavidad pulmonar, su caja torácica siempre responderá agrandándose mientras que sus bolsas de aire se llenarán de aire. Al exhalar, también debe pasar por la nariz. Para sentir este movimiento de manera efectiva, debe poner una mano sobre su estómago y la otra sobre el pecho. Debe hacer esto repetidamente para lograr los resultados deseados. El proceso de respiración debe ser uno que abarque también el cerebro. Mientras respira, asegúrese de estar lo suficientemente interesado como para concentrarse. Participó en el ejercicio de respiración para sentirse aliviado. Para lograr este alivio, debe cerrar los ojos e imaginar una imagen que resalte los mejores sentimientos en usted. Esto será a menudo reflexivo, o puede tomar otra forma.

Rodéese de paz. Para lograr esto, debe imaginar que el aire a su alrededor es cálido y acogedor. Cuando haga esto, visualizará esta paz desde su punto de entrada a su cuerpo hasta el momento en que sale del cuerpo. Siente el flujo de aire hasta el final. De esta manera, también puede visualizar sus problemas cuando le abandonan, y se separa de ellos. Puede considerar adoptar el uso de una frase para maximizar los efectos. El procedimiento puede tomar un promedio de diez a veinte minutos como máximo. La duración de las respiraciones debe aumentarse a medida que avanza en su rutina. Esto logra más resultados.

Al respirar, asegúrese de que sus músculos también participen. Practique una rutina en la que al tomar aire, contraiga los músculos en un intento por sentirse tenso. Suelte este agarre mientras exhala. Sus músculos deben relajarse en sincronía, fluyendo la disposición sistemática desde los pies hasta la cabeza. Cada músculo debe estar tenso a la vez para lograr los máximos resultados. De esta manera, los músculos también participan y puede lograr la máxima relajación. Su último aliento debe ser el que aleje todos sus problemas.

Encuentre su Poder Interior

Cuando nos enfrentamos a un problema, al vincularnos con nuestra fuerza interior nos aseguramos de que nos levantemos del problema y podamos avanzar. Hay una serie de formas que se encargarán de que usted se conecte con su interior y que pueda elevarle. Las diversas historias de éxito que han surgido de numerosas personas que pudieron conectarse con su poder interior. Por ejemplo, a continuación hay algunos ejercicios que verán que se obtenga su fuerza interior y que pueda usarla de una manera que sea ventajosa para usted.

Crea en Usted Mismo

Cuando no creemos en nosotros mismos, estamos inseguros sobre la ocurrencia de un conjunto particular de hechos. Esto se debe a que no hemos aceptado en nosotros mismos que podemos ser aceptados debido a nuestras diversas fortalezas. Varias fortalezas se manifestarán con efectos secundarios como debilidades. Cuando estamos inseguros, nuestra fuerza interior disminuye considerablemente. Para lograr creer en usted mismo, debe practicar aceptar quién es usted. Cuando tiene sentimientos hacia usted mismo, puede gustar más el mundo que le rodea.

Practique el Silencio

Vivimos en un mundo en el que quizás usted no sepa lo que está sucediendo en la vida de alguien. Debido a estas distinciones, el mundo está lleno de confusión de vez en cuando. Esto puede ser una distracción para usted cuando se concentra en lograr sus propios objetivos. Dedicar un tiempo a permanecer en silencio juega un papel importante para refrescarse. Además, está aislado de las personas y puedes pensar de pie. El silencio significa que está desprovisto de cualquier cosa que provoque ruido. Esto significa que no debe involucrarse ninguna tecnología. Cuando logre el silencio, su caos interno se calma y puede conectarse con la fuerza que existe dentro de usted.

Programa Repetitivo

A menudo hacemos cosas de mala calidad porque nuestra energía interna se ha agotado. Cuando una onza de nuestra energía física se agota, nuestra fuerza interior también se agota. El efecto es directo. Desea encontrar su ser interior, y la mejor manera de hacerlo es separando las actividades que realiza diariamente en porciones simples y alcanzables que puede lograr progresivamente durante el día. Cuando usted hace esto, está en condiciones de realizar estas tareas de manera repetitiva, y con esto, puede lograr el dominio. Cuando alcanza el dominio, su cerebro está tranquilo. Cuando su cerebro está tranquilo, ha creado mucho espacio en él.

Revise su Círculo

Respondemos con discrepancia, especialmente cuando estamos cerca de varias personas. De la misma forma que diferentes personas tienen una manera de hacernos sentir de alguna manera. Cuando está cerca de una mala compañía, su energía interior siempre disminuirá cuando lo encuentre. Le llenan de información que tiene un efecto de peaje en su energía interior. A menudo se demoran en llenarle con sus deficiencias, lo que a su vez le hará sentir absorbido por el jugo de la vida. Busque personas que tengan un impacto positivo en su vida. Gente que le hará sacar lo mejor de usted. El optimismo es lo que busca cuando está buscando un círculo. Hay personas que le alimentan con energía positiva. Este tipo de energía es importante para construir su ser interior. La mayoría de las veces, después de una conversación con estos muchachos, descubrirá que ha cultivado una cultura de pensamiento positivo, que aumenta su fuerza interior.

Impresión

La investigación dice que lo que usted siente dentro a menudo encontrará su camino a la superficie. Lo contrario también funciona porque lo que se percibe en el exterior es una representación de lo que hay en el interior. Hacer ejercicio y alimentarse adecuadamente hará que se mantenga bien en el exterior. Su vendaje también debe ser de una manera que le haga sentir mejor con usted mismo. Cuando le preocupa su salud, puede asegurarse de que su cuerpo esté en buenas condiciones. Eso se refiere tanto interna como externamente. El cuerpo comprende numerosas partes, algunas de las cuales necesitan una gran consideración para saber cuándo están en peligro. Cuando usted crea un buen ejemplo en el exterior, está en condiciones de influir en su ser interior de la misma manera. De esta manera, aumenta su confianza.

Enlace con su Fuente de Energía

Se ha visto que la esfera espiritual es la más efectiva cuando se llega a conectar con su ser interior. Esto no se limita a una esfera religiosa, sino que es diversa. La meditación te vinculará a su energía interior cuando lo haga en repetición. La meditación es clave porque, durante este tiempo, se visualiza a usted mismo como si estuviera solo. Para exhibir eficazmente su fuerza interior, necesita crear un enlace con las esferas que le rodean. La esfera que le rodea es más grande que usted, y esto es lo que la coloca en una posición en la que puede multiplicar su fuerza interior. Cuando su fuerza interior se multiplica, también tiene un efecto en su fuerza física. Usted cree que está en una posición en la que puede lograr más a pesar de que su energía física no dice la misma historia.

Centrarse en el Amor Propio

Sobre la base del amor está el sentimiento de amor propio. Esto se debe a que usted no puede pretender extender los sentimientos de amor a otra persona hasta que los extienda a usted mismo. El amor propio está en la cima de la vida saludable. Esto se debe a que será un determinante de los muchos factores que le acompañarán todo el tiempo. El amor propio no implica simplemente el sentimiento del bien. Esto es más que eso. Esto es estar en una posición para apreciarse desde un contexto más profundo. El amor propio se manifiesta en las acciones que hacen que valga la pena vivir. Cuando apreciamos nuestras vidas, estamos en condiciones de apreciarnos a nosotros mismos, y solo entonces comenzaremos a apreciar a los demás. Las acciones que nos hacen crecer son las que hacen posible el amor propio. La diversidad del amor propio se extiende a lo bien que aceptamos nuestras deficiencias. Cómo nos adaptamos y vivimos con ellos toda nuestra vida apreciando el hecho de que somos humanos. La aceptación de la naturaleza humana conlleva un profundo entendimiento de que tenemos defectos al igual que fortalezas. Para lograr el amor propio, hay algunos consejos que un individuo puede usar. Incluyen:

Concienciación

La concienciación está directamente relacionada con el amor propio porque las personas que la practican están en condiciones de tomar nota de cómo se sienten, qué quieren y qué están pensando. Son lo suficientemente cuidadosos como para no comerciar con el argumento de que tendrá un efecto sobre ellos. Las personas conscientes pensarán en un evento antes de decidir participar. Analizarán una situación en términos de consecuencias incluso antes de que decidan involucrarse.

Prioridad

La prioridad es clave cuando se practica el amor propio. Con prioridad, tiene la seguridad de satisfacer sus necesidades urgentes antes de continuar con sus deseos y no al revés. Este concepto puede parecer remoto, pero conlleva un concepto superior. Hay personas que participan en la compra por impulso; este tipo de personas siempre adquieren lo que ven cuando les gusta sin una contemplación interna. Con prioridad, podrá analizar las situaciones que se presentan en términos de deseos y necesidades y, como resultado, encontrará los criterios perfectos para adquirir bienes.

Autocuidado

El cuidado personal está en la base del amor propio. Cuando se preocupa por usted mismo, a menudo el efecto es que extenderá cierto grado de atención hacia usted. A menudo, se ha dicho que las personas que no han extendido algún grado de atención hacia sí mismas no tienen amor hacia ellas mismas. Esto se debe a que el cuidado y el amor van de la mano.

Límites

Crear límites es muy útil para tratar de exhibir amor propio. Cuando crea límites, está en posición de no verse afectado por las emociones de otras personas. Cuando nos dejamos llevar por las emociones de los demás, se enojará con usted mismo todo el tiempo. Usted se preocupará por los sentimientos de los demás más que por los suyos propios. De esta manera, no se ama a usted mismo.

Gratitud Hacia uno Mismo

La gratitud implica estar agradecida por todo lo que facilita su bienestar. La gratitud puede ser dirigida hacia uno mismo o hacia otras personas. La gratitud tiene algunos aspectos de la atención plena, ya que implicará el reconocimiento de la acción antes de que pueda producirse la gratitud. Una reflexión sobre el tema de la gratitud a menudo hará que las personas piensen en la gratitud materialista. Las personas ven la gratitud como algo grandioso y a menudo olvidan que puede ser algo básico. Cuando usted es amable con otras personas, esa es una manera simple de expresar su gratitud. No importa cuán remoto pueda parecer este acto, a menudo tiene implicaciones profundamente arraigadas. Lo que se encuentra entre un día totalmente increíble y un mal día son los actos distintivos de gratitud.

La auto-gratitud ocurre en un intento por apreciarse a uno mismo; podría ser a través de las situaciones que ha tenido en la vida. La auto-gratitud ocurre como resultado de un monólogo consigo mismo, diciéndose a sí mismo que tiene mucho de qué estar agradecido. La auto-gratitud también está enterrada profundamente bajo los conceptos de autocuidado y amor propio. Practicar la gratitud es tan fácil como puede ser y también es lo más efectivo posible cuando se hace de la manera correcta. Una sola palabra de gratitud que se le dice a alguien a menudo será muy útil. Usted se agradece a usted mismo porque está en una mejor posición para notar el avance de su vida que otros. La mayoría de las veces, puede esperar recibir gratitud de los demás, y cuando este no es el caso, nos desanimamos con disgusto emocional. Estar agradecido a uno mismo aumenta la confianza general de un individuo. Cuando se aumenta la confianza de un individuo, el individuo está en una mejor posición para lograr más en la vida.

La auto-gratitud puede ser una rutina diaria, algo que hace para recordarse a usted mismo lo bueno que es. Para lograr la auto-gratitud, debe tener una declaración de gratitud, una que repita a diario. Para lograr más, debe establecer objetivos alcanzables, que son a corto plazo y trabajar para alcanzarlos paso a paso. Asegúrese de tomar nota de citas inspiradoras que sean efectivas para desarrollar su autoestima al comienzo del día y durante todo el día. Enfoque una perspectiva reflexiva mediante la cual se concentre en lo lejos que ha llegado. Mirando hacia atrás en sus experiencias pasadas juega un papel importante para ayudarlo a avanzar desde sus experiencias anteriores.

Perdonar Fácilmente

Para algunas personas, según el perdón a alguien es fácil, mientras que para otros, se necesita más que las palabras. Las personas egoístas a menudo sentirán que no desean exhibir perdón, ya sea pidiéndolo u ofreciéndolo. Para adoptar una cultura de perdón, hay una serie de cosas de las que debe tener en cuenta: cuando le hacen daño, primero experimentarás ira, que buscará tomar el control de su cuerpo. La ira nos hace decidir sin fundamento. Esto es a menudo porque sentimos que tenemos la necesidad cada vez mayor de responder. Cuando estamos equivocados, debemos tomarnos un tiempo y dejar que la ira fluya más allá de ti antes de que puedas responder. Normalmente, la respuesta al enojo es espontánea y a menudo puede resultar en una consecuencia que no deseaba.

Para perdonar efectivamente a alguien, no necesita apresurar el proceso ya que el perdón es una aventura gradual que debe tomar medidas antes de poder decir efectivamente que ha perdonado a alguien. Al otorgar el perdón, uno no debe sentirse obligado, sino que debe ser un buen sentimiento que genere buenas vibraciones. Antes del perdón, uno necesita practicar la aceptación de que el conjunto de hechos son como son y que no cambiarán. Necesitamos cambiar para adoptar circunstancias primordiales. La aceptación se procesa mediante la cual dirige sus pensamientos hacia la búsqueda de un remedio a lo que ya ha sucedido. Perdonar puede cambiar su vida si usted se lo propone y lo hace.

Las personas a menudo extraen sentimientos de su pasado. A partir de estos sentimientos, llevan experiencias que los hicieron sentir así en el pasado. Un individuo se sentirá mal cuando el mismo tipo de historia se repita en su vida. Imagine que la misma queja le sucede a todos. Esto posiblemente sea una indicación de que no perdonó y siguió adelante. Perdonar implica distanciarse de los pensamientos más estrechos que despiertan experiencias pasadas que pueden hacer que no perdone. Aunque el perdón puede requerir un replanteamiento profundo, vale la pena para lograr la recuperación.

Con perdón, usted se enfoca en los eventos que tienen lugar en este momento y le mantienen desprovisto del pasado. Los sentimientos de la ocurrencia pueden ser deprimentes. Esto es lo que le hace incluso reconsiderar el perdón. Deje que el estrés le abandone. Cuando logra esto, está en posición de dejar de perdonar. Respirar profundamente puede ayudar mucho cuando se desea controlar los efectos de algo. Esto calmará tu cuerpo y mente dejándole sin estrés. Cuando está libre de estrés, puede hacer un buen juicio. El perdón es un proceso gradual. En el momento en que entendemos esto es cuando lo conseguimos fácilmente.

Capítulo 11: Maneras de Manejar la Ira Usando el Estoicismo

Debido al énfasis del estoicismo en la comprensión de sus emociones, la ira se convierte en una emoción que podríamos usar para controlar cómo nos sentimos.

En el libro *Las meditaciones*, el filósofo Marco Aurelio detalló cómo podríamos usar el estoicismo para ayudarnos a manejar mejor nuestra ira. En el libro, describió diez estrategias diferentes con las que podríamos controlar nuestra ira. Eran regalos, dijo del Dios griego de la curación, Apolo, y sus nueve musas.

Recuerde que Usted Tampoco es Perfecto

Los estoicos consideraron primordial que para adherirse a la terapia de la filosofía, uno tuviera que aceptar sus defectos.

Séneca señaló que la ira afectaba incluso a las personas más gentiles y que, por lo tanto, para trabajar eficazmente en el manejo de su pasión, tenía que admitirlo. En el mundo de hoy, los casos de personas que se van al extremo debido a la furia de la ira han sido bien documentados, con ejemplos de violencia doméstica, crímenes pasionales y credibilidad de homicidios a este hecho. Por lo tanto, desearía poner su ira en alguien significa que, por lo tanto, no está en sintonía con quién es usted.

La opinión de Séneca, por lo tanto, significa que usar el estoicismo requeriría que haga una pausa y piense en cómo podría hacerle cosas a las personas que los enojarían. Llamaba a eso mientras apuntabas con el dedo a otra persona, los otros tres fueron devueltos hacia usted y, por lo tanto, usted corre el riesgo de tener la culpa tanto como la otra persona.

Por lo tanto, este llamado para que admitamos que teníamos la misma probabilidad de cometer el delito que nos cometieron nos haría dar un paso atrás y ver la situación con más calma y racionalidad.

Aristóteles creía que la ira no era del todo mala y estaba justificada en algunos casos. Por lo tanto, cuando reconozca esto, podrá darse cuenta de que la ira de otra persona, por lo tanto, estaría justificada. Por este motivo, admitiéndose a si mismo que no es un ser perfecto significaría que también estaría más dispuesto a extender la empatía a la otra persona, ya que sabrá que si hubiera estado en su lugar, tan ofendido como ellos, lo más probable es que usted hubiera reaccionado de la misma manera o de forma similar.

Por lo tanto, cuando esté más en sintonía con sus fallas como ser humano, entonces es muy probable que priorice la necesidad de ver a la otra persona a través de lentes sin prejuicios. Cuando alguien te pisa los zapatos, admites que es un error que usted también habría cometido.

Sin embargo, esta admisión de error no significa que esté dispuesto a dejar que las personas se salgan con la suya de ser imbéciles incorregibles. De hecho, le ayudaría a evaluar mejor a las personas y a ponerte más en contacto con la esencia de la humanidad y, por lo tanto, ser más capaz de ver a los demás a través de mejores lentes.

No es el Comportamiento lo que le Molesta, y es Su Opinión al Respecto

Una de las preguntas más importantes que usted puede hacerse es esta: ¿es ese comportamiento específico el que le hace enojar, o es la persona?

Una de las formas en que mostramos la disonancia cognitiva cuando se trata de respuestas emocionales, y lo más importante de la ira, es que dependiendo del contexto, tendemos a permitir o dejar de lado un comportamiento en particular, incluso cuando admitimos que no toleramos comportamiento.

Míralo de esta manera. Si visitas el parque, el lugar está lleno de gente. Te unes a los demás para aprovechar al máximo tu tiempo allí. Luego, se produce una confrontación entre uno de los empleados del parque y un visitante. Es un partido de gritos y amenaza con estallar. Usted mira a los dos como personas incapaces de controlar su ira. Se entera de lo que llevó a la explosión y no queda impresionado. Entonces, les señala con un dedo castigador. Pero, suponiendo que fuera un amigo, ¿los castigaría también? Lo más probable es que posiblemente los defienda, sintiendo que su ira estaba justificada porque entiendes el contexto.

Cuando se pone en contexto, la razón por la que nos enojamos podría deberse a cuánto énfasis ponemos en comportamientos y rasgos particulares. Por esta razón, entonces, encontrará que algunas cosas lo enojarán pero no molestarán a otra persona, o podría enojar a otra persona pero no a usted.

Por lo tanto, mejorar en el manejo de su enojo, saber qué lo hace enojar y por qué es importante. Esto le permitiría comprender el contexto y cómo influye en su reacción. También podrá comprender mejor por qué otra persona se enojó por algo que no levantó más que una mirada curiosa de su parte.

Comprender cómo nuestras opiniones dan forma a nuestra reacción emocional a las cosas es vital para desarrollar formas en las que podamos ser más racionales y mejores para controlar nuestra ira. Esto también nos permitiría aceptar la disonancia cognitiva que nos hace castigar a ciertas personas cuando están enojadas por razones justificadas y defendiendo a otras.

Para los estoicos, este punto de vista sobre lo que impulsa tu ira hacia ciertas cosas significaría que podrás reconciliarte con si estás poniendo demasiado énfasis en cosas que están fuera de su control. Poner demasiado énfasis en cosas que no puede controlar con mayor frecuencia resultará en desamor para usted. Siempre. Y esto podría enojarle aún más. Esto podría afectar su estado emocional. Como dijo Séneca, debemos enfrentar nuestra ira como enemigo, lejos del centro de nuestras cámaras emocionales. Permitirse enojarse por situaciones que son indiferentes a su bienestar significaría que no logrará ningún progreso productivo con su enojo.

Su Ira le Hace más Daño que lo que le Enoja

¿Cómo se siente cuando está enojado? Es tan agotador, ¿verdad? Ahí estás, apopléctico y explotando como volcanes. Su corazón está latiendo violentamente, enviando sensaciones de desgarro a través de su pecho como si estuviera a punto de salir del esternón. Su cuerpo tiembla y apenas respira bien. Su cabeza golpea y sus pensamientos se detienen. Todo lo que ve, entonces, es lo que le hizo enojar. Este ciertamente no es el mejor sentimiento.

Ahora, por supuesto, hay repercusiones médicas para enojarse, que incluyen, entre otros, HBP.

Según los estoicos, la ira le vuelve a usted feo. Distorsiona tus características y le convierte en una criatura grotesca desagradable que es horrible de ver, y no queremos eso. Pero, por supuesto, ser desagradable de ver no es el final. Esto es solo como un comienzo, y tal vez ya eres feo, por lo que este efecto no te afecta mucho. Bueno, hay una razón por la cual este punto no termina aquí.

Considere este escenario. Usted compra un teléfono nuevo que ha estado ahorrando durante meses. Está extasiado y jubiloso. ¡Vaya! Sus características son simplemente asombrosas. Se aleja flotando hacia sus amigos. Desea mostrar su nuevo teléfono. Y llega allí, y todos están felices por usted. Continúa bien hasta que uno de sus amigos, cuando intentan tomarse una selfie, lo deja caer al suelo. La pantalla se rompe, y con ella también se rompe su sueño de pasar un momento agradable con su nuevo teléfono. ¡Estás furioso! Acusas a tu amigo de celos y lo pisoteas.

Su ira nubla su mente y usted no toma nota de que está arruinando la amistad. Según los estoicos, las acciones de otras personas que nos hacen enojar solo dañan nuestro exterior, nuestras posesiones, tal vez nuestros cuerpos, pero cuando estamos enojados, dañamos nuestro núcleo. La ira nubla nuestro mejor juicio, lo que nos haría reaccionar de una manera que daña nuestro carácter. Al limitar nuestra capacidad de razonar, la ira podría ser la razón por la que pierde amistades y relaciones. Podría ser lo que le cuesta sus trabajos.

Cuando comprende que lo que le enoja es algo con lo que puede lidiar y aún mantener su carácter, entonces usted es capaz de lidiar con eso productivamente.

Antes de dejar que la ira le controle, comience pensando en lo que le costará y si eso es más importante que lo que le está enojando en ese momento. Lo más probable es que lo que le hace enojar no valga su personaje. No vale la pena caer en los sorteos de la ira si le hará perder a las personas que ama y valora. No vale la pena consentirse si le costará su trabajo.

Marco Aurelio llegó al extremo de afirmar que no era necesario enojarse con las personas que consideran parientes, ya que esto iba en contra del Principio Estoico de la Naturaleza que decía que deberíamos trabajar juntos. Esto significa que nunca debe dejar que su ira supere su amor por las personas cercanas a usted. Hablando en términos generales, también podemos interpretar este punto de vista como no estar enojado con nuestros semejantes.

Es Posible que Ellos No Entiendan Por Qué Está Mal

Sócrates dijo una vez que ningún ser humano hizo mal en su conocimiento. Como tal, cuando alguien nos ofende, el impulso natural es que busquemos formas de vengarnos de ellos.

En una visión más amplia de esto, las personas a menudo defenderán lo que están haciendo cuando se les pregunte al respecto. Con respecto a los innumerables eventos que han sucedido en el mundo en el pasado, cuando los miramos, los autores de estos actos atroces sintieron que estaban haciendo lo correcto. No estaban dañando a otros seres humanos, como veían, estaban defendiendo a su gente. En su forma retorcida, sintieron que estaban haciendo lo correcto. Este punto de vista es controvertido y parece justificar por qué la gente lo cometió. Pero esta visión es, en cambio, sacar a la superficie cómo defenderemos lo que hacemos en nuestras cabezas.

Séneca resumió este punto de vista cuando dio un ejemplo de cómo uno no patearía a un burro o cómo no mordería a un perro porque el hombre sintió que no sabían lo que estaban haciendo. Como tal, nos pidió que extendiéramos esto a nuestros semejantes entonces. En lugar de responder al enojo con enojo, nos pidió que nos libráramos de él y luego tratamos de deshacernos de la otra persona también.

Nuestra necesidad de condenar y vilipendiar a las personas que nos ofenden podría ser contraproducente, ya que podemos encontrarnos exhibiendo el mismo punto ciego cuando estamos en una situación diferente en la que estamos enojados.

Una vez más, entender que alguien que hace mal podría no ser consciente de cuán malo es no justificar el hecho de que está equivocado. En cambio, es acercarnos mucho más a cómo actuamos y reaccionamos cuando nos enfrentamos a una situación o bien o mal de lo que no somos conscientes.

Como tal, en lugar de pagar mal con nuestra ira, esto nos obliga a hacer un esfuerzo para que la persona tenga más conocimiento de por qué sus acciones fueron ilegales y por qué tendrán que cambiar. Esta visión es lo que está dando forma al movimiento actual en muchos países para hacer que las cárceles sean reformadoras en lugar de punitivas. Castigar a alguien que no sabía por qué sus acciones eran incorrectas solo las haría más propensas a cometer el acto incorrecto nuevamente. Tendrían ira, lo que haría que lo que hicieran se sintiera justificable, creando así un círculo vicioso de ira que daría lugar a la ira.

Incluso en la Ira, Sea Compasivo

El punto anterior pasa directamente a este.

Cuando alguien le maltrata, es natural que luego usted vea conveniente castigarlo. Al tratar de castigarlos más tarde, se pone en una situación en la que también usted se enoja, y de nuevo, al castigarlos, los haces enojar y se disparan de esta manera, generaciones de ira.

Aurelio dijo que cuando alguien lo enojaba, lo que hacía primero era lidiar con los sentimientos de ira en su interior. Como hemos aprendido en este capítulo, esto implicaría comprender sus imperfecciones y cómo su opinión da forma a su ira. Una vez que había hecho esto, Aurelio llevaría a la persona a un lado y le explicaría con calma, sobre cómo en su momento de ira, se estaban haciendo daño a sí mismos y no a él. Esta creencia de que una persona enojada merece ayuda o ser educada le ayudó a volverse más sereno en sus últimos años.

Séneca nos pidió que no juzgáramos a otras personas en base a fallas de las cuales todos estamos a la altura de vez en cuando. Llamó a la tolerancia, señalando que, si muchas personas habían perdonado a sus enemigos, ¿no era correcto entonces perdonar a alguien que te enoja con pequeñas acciones?

Al llamarnos para que seamos más tolerantes y pacientes con el comportamiento de otras personas, Séneca y Aurelio hicieron saber que querían que reflexionemos sobre nuestra ira antes de actuar. Por lo tanto, fue más fácil darle a la otra persona el beneficio de la duda cuando le tomaste el tiempo de procesar tu pasión antes de reaccionar.

La creencia de que, desafortunadamente, varias personas sostienen parece ser que mostrar compasión es un signo de debilidad. Más afectados por esto son muchos hombres, cuyo rasgo se ha denominado masculinidad tóxica, que abarca la falta de empatía, una glorificación de la ira improductiva entre otros personajes negativos como inherentemente masculinos.

Séneca nos pidió que confiémos en alguien que mostró un entendimiento hacia un tonto. Nos pidió que rechazáramos el primer incentivo de ira, que a menudo nos llama a buscar castigar a la otra persona. A través de la construcción de la compasión, que es una emoción humana inherente, podremos mejorar en el manejo de nuestra ira. Cuando nos tomamos el tiempo para entender por qué alguien nos hizo enojar, nos volvemos mejores para poner nuestro pensamiento antes de nuestras acciones cuando estamos enojados. Esto nos ayuda a mejorar en la gestión de conflictos a través de la reducción de escala.

En el Libro Dos de *Las Meditaciones*, Marco Aurelio, afirmó que en la vida, usted se encontrará con personas que tienen rasgos desagradables, ingratos y violentos, insociables. Pero esas personas, dijo, parecían no tener conocimiento de lo que era bueno y lo que era malo. En cambio, como una persona que se ha tomado el tiempo para comprender las implicaciones de sus acciones, y especialmente bajo las intensas pasiones de ira, entonces asumiría la responsabilidad de persuadir a la otra persona de por qué sus acciones de ira les perjudicaban más que personas que pretendían lastimar.

Cuando usted se vuelve más compasivo, comienza a ver cómo, de hecho, en la vida, muy pocas cosas necesitan enojarle. Esto le haría vivir una vida más satisfactoria y ser mejor en cómo trata a las personas y cómo maneja las situaciones tensas.

Capítulo 12: Entender Cómo y Por Qué Surge la Ira

Que nos enojemos no es algo sobre lo que podamos debatir ni estar en desacuerdo. Al igual que con otras emociones dentro de nosotros, vendrá de vez en cuando, con disparadores variados y, por supuesto, invitándonos a reaccionar ante él de varias maneras. En un intento por manejar mejor nuestra ira, necesitamos entender cómo y por qué.

Comprender las Razones por las Cuales Surge la Ira

Nos enojamos por muchas razones. Un amigo que no puede dejar de entrometerse en nuestros asuntos puede enviarnos por el muro. Una persona que no le gusta puede sacarle de quicio simplemente por existir. Alguien que no puede seguir instrucciones simples puede elevar los pelos de punta. Por lo tanto, conocer nuestros desencadenantes fue clave para ayudarnos a controlar nuestra ira.

Las razones son tan vastas y diferentes como la cantidad de personas que existen en el planeta. Si la ira estaba justificada o no es algo que todavía tiene filósofos en estas espadas cruzadas de hoy en día. Aristóteles creía que la ira estaba justificada en algunos casos. Aristóteles dijo que enojarse en el momento correcto y con la razón correcta hizo que la ira fuera correcta. Pero si bien esto era cierto, se hizo difícil determinar cómo medir cuál era el momento adecuado y qué contaba por la razón correcta. Como hemos dicho anteriormente, y en el capítulo 11, el hecho de que nuestras creencias y nuestras opiniones sobre las cosas nos hicieron determinar qué nos hizo enojar hace que sea difícil encontrar un terreno común en ese momento.

Séneca fue categórico en su creencia de que la ira era solo un vicio sin cualidad redentora. Vio que la pasión nos convertía en esclavos y que una vez que uno se dejaba llevar por la emoción, no disminuían la velocidad.

Mirando esto, entonces se vuelve crítico para nosotros que, en un intento por hacernos más racionales y controlar nuestra ira, entender qué nos enoja y por qué es esencial.

Este conocimiento nos permitiría superar la situación en la que nos enojamos por eventos u opiniones intrascendentes. Se vuelve primordial entonces que sepamos que las razones por las que estamos enojados son productivas y, por lo tanto, que debemos permitirnos sentir esta ira.

Enojarse con su amigo por romper su teléfono sería contraproducente, ya que significaría que perdería a un amigo si expresa su enojo, además del hecho de que la consecuencia fue externa y, por lo tanto, fácil de enfrentar y conquistar. Sin embargo, enojarse por una injusticia le da credibilidad a la creencia de Aristóteles de que hubo un período en el que, de hecho, estamos justificados para ponernos nerviosos.

Sin embargo, incluso con la comprensión del bien y del mal, teníamos que ser conscientes del hecho de que la otra persona podría estar haciendo lo malo desde el punto de ignorancia, por lo tanto, acercándonos a ellos con el deseo de educarlos en lugar de castigarlos.

Con esto en mente, se hace más fácil saber si necesita enojarse o no. En su mayor parte, la ira es perjudicial para usted, y es mejor evitar enredarse en sus tentáculos.

Distanciamiento Desde la Apariencia

Cuando usted haya visto cuán destructiva es la ira, comenzará a decidir trabajar en ella.

Los estoicos nos llaman a alejar nuestro enfoque de lo físico hacia lo espiritual.

Séneca declaró que nuestro objetivo debería ser lograr una mente tranquila. Este estado, dijo, hizo posible que los estoicos mantuvieran la calma frente a una tempestad de ira y furia.

Las apariencias pueden ser engañosas y, por lo tanto, nos inducirán a error a pensar que una situación requiere nuestra atención cuando no es así. Tome nota de cuándo se le ofrece algo con la intención expresa de hacerlo enojar. La ira, según Séneca, es una emoción binaria, que se hace cargo de usted tan pronto como se da cuenta.

Esto significa que usted sería fácilmente influenciado por sus alas cuando estuviera obsesionado con lo que tenía frente a usted. Lo hemos visto muchas veces. Un ejemplo de esto es un escenario llamado ``pornografía de indignación'', donde alguien, o en ocasiones los medios, comparte una historia cuya intención principal es crear un aumento de personas. A través del sentimentalismo y el melodrama baratos, utilizan este enfoque que tenemos en el procesamiento eficiente de datos, lo que significa que nos enojaremos con lo que está directamente frente a nosotros. Cuando haces que el logro de la tranquilidad mental sea tu enfoque, las apariencias comienzan a ser menos importantes. Cuando se comparte una historia con la intención expresa de hacer enojar a la gente, en cambio, se profundiza en la historia para descubrir si hay alguna razón justificable para enojarse.

Al enfatizar lo que está frente a usted, se vuelve menos reactivo y tienes más control sobre cómo interpreta las cosas. Entiende que hay más de lo que está viendo. Cuando alguien está enojado con usted, no se enoja con él a cambio, porque sabe que podría haber más en su enojo que solo usted. También sabría que la violencia les está haciendo más daño que bien. Aprenderá lecciones personales de las enseñanzas de Sócrates que nos dicen que no hagamos mal ni reembolsemos el mal con el mal, sin importar cuán correcto se sienta o cuán justificados pensemos que estamos.

Hacer hincapié en las apariencias significará que usted se vuelve más consciente de cómo expresar sus frustraciones a la otra persona en lugar de solo decir bruscamente. Llegará a comprender lo que significa cuando tenga que elegir su ira. ¿Expresar su frustración conduce a la productividad? ¿O hace daño? Después de esto, ¿usted hace una mejor distinción entre si fue la circunstancia la que hizo enojar a la otra persona o si ellos mismos estaban realmente enojados? Esto determina cómo proceder.

Recordándonos a Nosotros Mismos de Nuestra Humanidad

En un incidente que sucedió más tarde en su vida, Aurelio presidió una audiencia en la corte que involucró a un volátil multimillonario Herodes. En un momento de la ejemplificación de la locura consumidora de ira, Herodes se abalanzó sobre Aurelio pero fue detenido por un guardia, que quería empalar a Herodes con su espada. Pero, Aurelio lo detuvo y aplazó la audiencia. A lo largo del incidente, Aurelio permaneció tranquilo y sereno, sin traicionar ningún enojo. Como estudiante de estoicismo de toda la vida, Marco Aurelio pudo mantener y, de hecho, reconocer la humanidad de alguien que parecía empeñado en dañarlo.

Esta es una de las enseñanzas más significativas en sus libros, Las meditaciones. Cuando nos enojamos, tendemos a mirar a la otra persona fuera del contexto de su humanidad. A través de la distorsión, reducimos toda la existencia de la otra persona en esta instancia y, por lo tanto, los vemos como objetos que merecen ser castigados por fallarnos.

Pero es este tipo de pensamiento problemático lo que llevó a Séneca a declarar que la ira era un peligro para la humanidad, ya que podría infectarse fácilmente de una persona a otra. Este comportamiento se caracteriza por la "psicología de la mafia". Hacer que las personas se unan y trabajen de manera cohesiva hasta que a menudo requiera recursos y gestión, sin embargo, parecía ser que la ira hizo que las personas cooperaran más rápido. Esto se debió a que, impulsada por el deseo de destrucción, las personas rápidamente alcanzaron sus instintos basales y actuaron sobre eso, ya que es más fácil dejarse llevar por sus impulsos primarios, es más fácil que la ira nos deje devaluar a otra persona. y así, actuar de manera contraria a lo que compartimos colectivamente como seres humanos, nuestra conciencia colectiva.

Séneca nos llamó a sanar en lugar de castigar a los que nos perjudican. Aurelio nos pide que nos miremos a los ojos de la persona que nos enoja, o que nos lastima.

Al tratar de corregir a la otra persona en lugar de castigarla, actuaremos de una manera que vea y reconozca su humanidad y, por lo tanto, la verdad de que son propensos a cometer errores y que el incidente con usted es solo uno de los errores.

Mire hacia atrás cuando usted estaba enojado con alguien. ¿Parecían dejar de importar? Lo que te importaba en ese estado de ira era que te habían perjudicado y tenían que pagar. Esto significaba que pasó por alto la realidad de que podrían haber abusado de usted porque no sabían mejor, o que las personas también estaban lidiando con problemas propios que no sabían cómo manejarlo. Nos encontramos con esas personas a lo largo de nuestras vidas. Personas que hacen mal sin saber que lo están haciendo mal.

Hacer una pausa para comprender que podrían ignorar lo que se considera correcto o incorrecto en gran medida podría ayudarlo a lidiar con la forma en que actúan hacia usted. Nuevamente, esto no significa que disculpe el mal comportamiento. En cambio, usted se vuelves más consciente de cómo las acciones de otras personas no deberían afectar su reacción.

Sacarnos a Nosotros Mismos de la Competencia

La comparación social, como lo llaman los psicólogos, es una forma de estado en el que se mide nuestro progreso al observar cómo les está yendo a otros en una situación similar.

Esta comparación es ventajosa para nosotros por una variedad de razones. Por un lado, al observar dónde están los demás, entendemos mejor dónde estamos y hacia dónde vamos. También nos ofrece un vistazo a las cualidades que queremos de la otra persona e incorporar eso a la nuestra. Esto es lo que nos ha llevado a construir las cosas que tenemos.

A través de la comparación social, entonces, obtenemos competitividad. En un intento por ser mejores que los demás, nos impulsa el deseo de mantenernos a la vanguardia de manera constante. Sin embargo, la competitividad tiene un efecto secundario: la ira.

Imagine la cantidad de veces que los deportistas han golpeado cuando las tensiones aumentan. Imagina la ira que te invade cuando tu amigo, que apoya a otro equipo, te incita cuando su equipo favorito gana más trofeos y vence a tu equipo favorito.

Cuando se lleva al extremo, llamado competencia compulsiva, esta ira hacia la competencia puede hacer que una persona se vuelva lívida, incluso cuando no hay una razón aparente para hacerlo. Debido a la naturaleza de la competitividad, todo se convierte en una competencia, lo que significa que la ira siempre está al acecho.

Para controlar su ira, salga de la competencia y busque una mente más tranquila. Aurelio nos pide que evitemos las cosas más allá de nuestro control que nos enojan. Estas cosas incluyen la competencia. Nunca estará por delante de todos, y esta comprensión es lo que deberíamos usar para guiarnos a trabajar en nuestra ira.

En una de sus enseñanzas más importantes, Aurelio nos pidió que trabajáramos juntos, siguiendo el principio estoico que nos veía a todos como parientes, y por lo tanto, trabajamos mejor a través de la cooperación en lugar del conflicto, que resulta de la competencia llevada al extremo.

Poner esto en práctica es algo que, de hecho, puede y será un desafío. A lo largo de nuestras vidas, hemos conocido la competencia como la forma de existir. Pero debe centrarse en la ley de la abundancia, que establece que hay suficiente para todos nosotros. En lugar de ver a otro ser humano como una amenaza, lo vemos como otro jugador del equipo, ansioso por construir la humanidad como el resto de nosotros. Convertirnos en nuestra competencia significa que guiaremos nuestras acciones en función de lo que podemos controlar, en lugar de confiar en fuerzas externas que no podemos controlar y cuyo suceso es ampliamente errático e injusto.

Cumplir con Nuestros Roles Hacia los Demás

Esta visión de que estamos aquí para existir en armonía es una parte importante del estoicismo. A lo largo de su libro, Aurelio habló de nuestra obligación hacia nuestros semejantes, sugiriendo que "nacimos para algo más que esto" por nuestra ira hacia nuestros semejantes.

Sócrates nos pidió que luchemos contra el impulso de devolver el mal con el mal y el mal con el mal. No había nada correcto en hacer lo malo.

Cuando miramos el texto del estoicismo, comenzamos a comprender que, al hacer un llamado a las personas que se adhieren a él para que se pongan más en contacto con quienes son, la filosofía nos llama a ser mejores seres humanos al comprender nuestras fallas y nuestras fortalezas

Las cuatro virtudes del estoicismo nos exigen que cumplamos lo que, a su vez, será de valor para la otra persona. Al insistir en que nos centremos más en los eventos que podemos controlar y no en factores y circunstancias externas, podremos entendernos mejor y lo que representamos.

De hecho, es lamentable que muchos de nosotros afirmemos defender la justicia, la verdad o la moralidad, pero luego resulta que no estamos exponiendo las virtudes en su núcleo. Esto no se basa en la naturaleza de la humanidad al error. Cuando alguien dice ser moral y les pide a otros que sean virtuosos, pero luego actúan de manera consistente de una manera que no está en contradicción con lo que dicen, entonces no se trata de un error humano, sino de un fracaso por parte de la persona para comprender adecuadamente lo que implica el valor.

Vemos esto todo el tiempo. Alguien afirma una cosa en público, pero luego resulta que están haciendo exactamente lo contrario en privado. Cuando quedan atrapados en la doble vida, la afirmación siempre es que se equivocaron. Pero para defender las virtudes del estoicismo, uno debe ser muy consciente de quiénes son y si realmente valoran sus pensamientos con respecto a otros seres humanos. Para volverse desinteresado, necesitará comprender las profundidades de su egoísmo. Para convertirse en una persona justa, moral y valiente, debe comprender cómo ha perpetuado la injusticia. Tendrá que aceptar sus defectos morales.

Cuando pueda perdonarse más a usted mismo por su fracaso, también extenderá este perdón a los demás cuando fracasen. Se vuelve mejor enseñando lo que valora.

Cuando no defiende estos valores, pero hace un reclamo para defenderlos, lo que sucederá entonces es que para demostrar cuán profundamente los valora, será punitivo con las personas que realmente se equivocan en su viaje para mejorar. Hace esto para calmar su culpa por no mantener estos valores. Hace esto para hacer que los que estiman estas virtudes le aplaudan, por lo que los moralistas más ruidosos resultan ser estafas. Los puristas no son más que bocas ruidosas. Las personas que dicen ser pueden llegar a no entender cómo funciona la justicia.

Por lo tanto, como una obligación para las personas que le rodean, y para la humanidad en general, estar más en contacto con su persona. Comprenda quién es usted, sus emociones y sentimientos, sus creencias y acciones. Sepa entonces que puede hacerlo mejor y hacer el esfuerzo de hacerlo mejor. Por lo tanto, cumplir mejor su rol con los demás, significa cumplir mejor su rol con su ser.

Capítulo 13: Filosofía Estoica e Ira

El estoicismo nos pide que nos examinemos y usemos eso para hacer del mundo que nos rodea un lugar mejor.

Por lo tanto, la ira fue uno de los principales problemas a los que se enfrentaron los estoicos e intentaron disuadirnos de caer, ya que es el comienzo de la caída de una existencia virtuosa. No es difícil ver ¿Por Qué? Casi cada una de las virtudes estoicas, el coraje, la sabiduría, la moral y la moderación, se desmoronan cuando uno se enfada.

Debido a esto, la filosofía estoica tiene algunas lecciones para nosotros con respecto a la ira.

La Ira es Locura

Al menos temporalmente, al menos. Séneca nos pide que lo evitemos, ya que, incluso cuando se justifica estar enojado, actuar por enojo nunca resulta en un resultado positivo. Afirmó que, si bien cualquier otra emoción afecta nuestro juicio, la pasión continuó e interrumpió el estado mental. Se volvió loco por la duración de la ira. Una mirada a los sitios de redes sociales le ofrecerá un vistazo a la locura que es la ira. Las personas escriben e imprimen todas las cosas que de otro modo no habrían hecho si se hubieran tomado un momento o dos para lidiar con los sentimientos explosivos.

Entonces, enojarse era volverse loco. Para manejar esto, luego tuvimos que hacer una pausa y cuestionar nuestra ira. Lo más probable es que fuera innecesario.

La Ira Empeora las Cosas

Marco Aurelio declaró que los efectos de la ira iban a ser más que las circunstancias que lo llevaron. Cuando usted se enoja con su amigo por romper su teléfono, eso solo empeoraría la amistad y le costaría su amigo. Enojarse con otra persona solo resultará en una relación rota entre ustedes dos. Enojarse con un objeto inanimado le dejará sin nada.

En todos estos casos, la ira funciona en su contra en todos los sentidos al final. Su personaje sufre, ya que luego se convierte en alguien que la gente querrá evitar. Cuando discute con otra persona, significa que tiene una razón por la cual no desea asociarse con usted. La ira persiste mucho después de presumiblemente haberla expresado. Es lo que llevó a Séneca a verlo como algo que, una vez que se apodera de alguien, se hace difícil recuperar el control.

Para Lidiar con la Ira, Necesitamos Reconocer a la Humanidad

La opinión de Sócrates de que ninguna persona se esfuerza por cometer errores de mala gana revuelve algunas plumas, pero es crucial para ayudarnos a lidiar con la ira.

A través de la experiencia vivida, el estoicismo nos anima a tomar un momento de enojo para ver cómo la otra persona puede tener una vida más allá del estado en el que existen en ese momento en particular: el estado de "esta persona me hizo enojar". Cuando usted mira a la persona como un todo en lugar de las partes, entonces es capaz de comprender sus acciones y, por lo tanto, por qué no debe permitirse enojarse.

Por lo tanto, cambie su enfoque de buscar castigar a esta otra persona, una acción que lo haría enojar, a decirles cómo sus obras de ira los están perjudicando. Te vuelves más compasivo.

Capítulo 14: El Estoicismo Revela Rituales que le Harán Sentir Seguro

Probablemente, haya leído cientos de artículos, ya sea en línea o en otro lugar, sobre cómo ser feliz, tener confianza en sí mismo al exorcizar la negatividad de su vida y aumentar su autoestima para que pueda vivir feliz consigo mismo y con todos los que lo rodean. Sin embargo, todavía usted está en la negatividad y no se ha vuelto mil veces más feliz. Entonces, se encuentra confundido y comienza a maldecirse por invertir su tiempo leyendo cosas que no funcionan. ¡No esta solo!

Hay una diferencia fundamental entre leer cosas y poner en práctica lo que ha aprendido. ¡No espera leer buenos libros sobre cocina y luego convertirte en el mejor chef del mundo! Debe poner en práctica ese conocimiento e invertir horas de experimentar con él para que, al final del día, salga victorioso como resultado del conocimiento que obtuvo de los libros. Nunca pateará como Bruce Lee simplemente leyendo libros de artes marciales. Debe salir a entrenar y practicar su comportamiento, para hacer los cambios y ajustes necesarios.

Es por eso que los estoicos, los antiguos maestros de la sabiduría, no escribieron cosas por mera lectura. Fueron un paso más allá y crearon rituales y ejercicios que tenían que realizarse a diario para entrenar la mente para responder positivamente a los eventos de la vida para que uno pueda vivir bien y felizmente. Nos advierten del peligro de estar satisfechos con la mera lectura, sin práctica y entrenamiento, porque con el tiempo, olvidamos lo que habíamos aprendido y comenzamos a hacer las cosas de otra manera.

Hoy es fascinante ver a los científicos modernos de acuerdo con lo que estos antiguos maestros de la sabiduría solían hablar hace muchos siglos. No podemos evitar entonces volver nuestro ojo mental hacia atrás y analizar lo que estos caballeros sugirieron muchos años antes de que naciéramos.

Suceden cosas en la vida cotidiana que nos hacen sentir que no somos lo suficientemente buenos. Cuando cometemos un error, o cuando algo desagradable nos sucede, descubrimos que nuestro cerebro hace una repetición de cualquier otra falla y error que hayamos cometido. Así como así, nuestra autoestima se ve aplastada y nuestra autoestima disminuye. Este es un viejo problema, y mientras haya habido personas en el mundo, han pasado por tales experiencias. Es un problema antiguo con soluciones antiguas. El estoicismo antiguo viene en nuestra ayuda durante esos tiempos. Se dieron cuenta de que a menos que aprendamos y practiquemos cuestionar el pensamiento irracional y las creencias poco saludables que aplastan nuestra felicidad, no podemos percibirnos a nosotros mismos ni al mundo claramente para una vida mejor y plena.

Entendieron que nuestros sentimientos emanan de nuestros pensamientos. Pero la pregunta es: "¿Cómo nos deshacemos de nuestro pensamiento irracional e inútil que nos aplasta y permite que el pensamiento racional y útil reine en nuestras mentes". Así es como podemos usar los rituales de estoicismo para lograr eso.

Identificar y Desafiar los Pensamientos Distorsionados

Este ritual se trata de aprender a controlar la voz en nuestra cabeza. Esa voz en nuestra cabeza nos juzga severamente cuando estamos deprimidos. Digamos que se ha involucrado en un proyecto en particular, y luego falla. Los pensamientos iniciales que vienen con tal experiencia son generalmente irracionales e inútiles. La voz en su cabeza comienza a condenarle por haber malgastado tus recursos, hacer intentos inútiles y le hace pensar que usted es un completo fracaso. Debido a tales pensamientos, comienza a sentirse deprimido, desconfiado e incómodo con sus habilidades.

Los estoicos sabían que identificar tales pensamientos era un paso importante. Cuando su autoestima disminuye o cuando se siente atrapado por una sensación de falta de confianza en sí mismo, ¿qué le dice la voz en su cabeza? Esta es una forma de ir más allá del sentimiento y ver qué está causando ese sentimiento. El objetivo es identificar el sistema de pensamiento, que está detrás de él. Por lo tanto, debe ser capaz de seguir su proceso de pensamiento y capturar los pensamientos que lo inmovilizan generando sentimientos de inutilidad.

Por ejemplo, "Me sentí triste porque pensé que era un fracaso". O "Me sentí indigno porque pensé que estaba agotado y dado por sentado". Identificar tales pensamientos es vital para que pueda avanzar al siguiente paso de desafiarlos. Capturar los pensamientos como:

- Soy un completo fracaso
- Soy estúpido y tonto
- Soy un idiota
- Nunca llegaré a nada
- Nunca conseguiré un trabajo
- Soy feo y desproporcionado en forma

Estos son pensamientos iniciales que vienen a su mente cuando los eventos de la vida le aplastan. Los estoicos sugieren que identifique tales pensamientos condenatorios y distorsionados y los desafíe. ¿Pero cómo los prueba? Después de identificar estos pensamientos, así es como puede desafiarlos: por cada pensamiento distorsionado, proporcione un pensamiento racional para reemplazarlo. Mire varios ejemplos a continuación:

- **Distorsionado:** "He invertido mucho de mi tiempo y esfuerzo, pero finalmente, no he logrado nada. ¡Este proyecto ha sido una farsa y desearía no haberlo comenzado!

    Racional: "Aunque no he logrado lo que pretendía, he aprendido mucho a través de mis errores. Aprenderé de mis errores para no repetirlos en el futuro. Soy un hombre joven con mucho potencial ".

- **Distorsionado:** "Nunca conseguiré un trabajo. Me falta el coraje de presentarme ante los entrevistadores, y cada vez que lo hago, tiemblo incontrolablemente. Estoy condenado al fracaso".

> **Racional:** "Tendré que hacer algo para dominar mi confianza durante las entrevistas. Practicaré frente al espejo y practicaré hablar en público en pequeñas reuniones sociales antes de mi próxima entrevista".

- **Distorsionado:** "No soy hermoso. Mi figura se ve horrible en el espejo. Cada vez que entro en una relación, me abandonan en dos meses. Soy horrible, y nadie me ama".

> **Racional:** "Necesito tomar el control de mi peso y volver a estar en forma. He ignorado mi programa de pérdida de peso desde hace dos años. Soy genial y hermosa, pero tengo que hacer algunos pequeños ajustes".

Ponga a Prueba sus "Creencias Fundamentales"

Esto se trata de las creencias que tiene sobre usted mismo. A veces, estos sentimientos crónicos de falta de confianza y de tener una mala imagen de uno mismo van más allá de los pensamientos negativos. La falta de fe en uno mismo puede ser un resultado directo de tener "creencias centrales" negativas. Es posible que haya un crítico interno dentro de usted que le presente evidencia consistente sobre el tipo de perdedor o persona desagradable que es. Como resultado, usted llega a creer esa mentira porque no se ha tomado su tiempo para cuestionar esa creencia cuestionando su validez. Los estoicos prescriben que debemos convertirlo en nuestro hábito o ritual, para desafiar o creer en las creencias centrales.

Desafiar sus creencias no es fácil, dado que una idea tan fundamental puede haber arraigado y ahora está formando la base de cada decisión que tome. Enfrentar a esa capa que quiere demostrar su caso de que usted es un perdedor al presentar siempre pruebas concretas en su cabeza puede ser una tarea desalentadora.

Lo primero que debe hacer para tratar con este abogado que lo sigue procesando y condenando por ser un perdedor es analizar el tipo de evidencia presentada de su parte. Escriba una lista de pruebas de por qué siente que no es digno. Puede sonar gracioso, pero este paso es esencial. Los estoicos sugieren que escriba todo lo que le hace creer que es un perdedor. Debe analizar y comprender la evidencia de este abogado acusador para poder idear el mejor método para hacer agujeros en él.

Lo que le ha faltado es un abogado defensor de su lado, para abordar el sesgo de confirmación de negatividad que ha sufrido. Con su voz interior que le presenta agresivamente evidencia como perdedor, termina viendo cosas en su vida que están de acuerdo con la idea de que usted no puede llegar a nada.

Para contrarrestar eso, los estoicos argumentan que también debe hacer otra lista de evidencia. Esta lista actúa como evidencia de que el abogado que lo procesa desde adentro está equivocado. Debe tener todas las razones e ideas que prueben que usted no es un perdedor. Esta nueva lista de evidencia tiene como objetivo alterar la configuración de sus creencias para que deje de notar los sentimientos poco saludables y lo obligue a mirar todas las cosas que han sucedido en su vida para ver la evidencia que respalda sus creencias saludables.

Los estoicos también sugieren que encuentre un co-abogado. Necesita un amigo o un familiar o cualquier otra persona en la que pueda confiar, para recordarle en qué es excelente, señalando todas las cosas maravillosas que hace. Obtener esa confirmación de alguien que usted crea que le hace sentir valioso e importante, y trae a la superficie algunas pruebas cruciales que puede descartar al ver que es insignificante. Incluso si ven cosas para contar, que usted no cree que deberían contar, póngalas en la lista. Esta lista de razones concretas de por qué usted es valioso e impresionante le ayudará a silenciar al fiscal desde adentro al reemplazar la evidencia sesgada de negatividad con la evidencia que es racional, precisa y honesta.

Tener un "Ritual de Confianza Nocturno"

Después de profundizar y abordar sus creencias centrales, su crítico interno aún intentará quedarse. El cambio no vendrá de la noche a la mañana. Debe seguir programando su mente para poder corregir todas esas creencias falsas y evitar que vuelvan a aparecer. Los estoicos entendieron a fondo el poder de un ritual nocturno de confianza para arreglar la negatividad y mantenerla a raya. Sabían que tomarse un tiempo para reflexionar todos los días puede aportar una gran mejora. Es una excelente manera de cuidarse a sí mismo tomando algún momento de la noche para revisar su vida.

Después de confrontar a su crítico interno con todas las razones de por qué usted no es un perdedor sino un ganador, la batalla continúa. Reflexione sobre su vida tomando un poco de tiempo por la noche y piense en todas las cosas en las que es bueno y lo que ha logrado ese día, y obtenga más pruebas de por qué no es horrible. Desde ahora, se ha vuelto menos reactivo consigo mismo, acumule un registro diario de evidencia que le permita desarrollar creencias más saludables.

Las revisiones son esenciales, y son comunes en los negocios, especialmente las revisiones anuales. Los estoicos sabían el poder de revisar el día para mejorar la calidad de vida. Algunas veces necesita mirar hacia atrás en su pasado para entender su futuro. Piense en lo que ha hecho durante el día y pregúntese si funcionó bien para usted. La reflexión le permite controlar su vida diaria al pensar en cómo las actividades en las que se ha comprometido le han ayudado a mejorar. No esconda nada de si mismo ni pase nada.

Reflexione sobre lo que hizo bien y lo que no hizo bien ese día. Reflexione sobre las cosas que se suponía que debía hacer, pero no las hizo. Tal conocimiento es vital a medida que planea mejorar su mañana. No se condene por las cosas que no hizo o por las que no hizo mal. Aprenda de sus errores y perdónese a usted mismo. Tener autocompasión y perdonarse a sí mismo es lo que le impide repetir errores y evitar más dilaciones.

No se golpee ni sea crítico con sus habilidades. Aproveche lo que hizo bien durante el día y utilícelos como base para mejorar mañana. Aprecie las cosas buenas de ese día y continúe haciéndolas mañana. Es una excelente manera de extender sus bendiciones. Prométase que no repetirá los errores de hoy mañana, sin ser crítico o juicioso. Esta es una clave maestra para la superación personal y la felicidad. A medida que pase el tiempo, su creencia positiva prevalecerá y el crítico interno comenzará a guardar silencio.

Utilice una "Tarjeta de Referencia Cognitiva"

En este punto, ha identificado y desafiado sus pensamientos, ha cavado profundamente y ha descartado sus creencias negativas, y está haciendo un seguimiento increíble al hacer una revisión nocturna de su vida diaria. Pero hay un paso más si quiere darse cuenta de la estoica confianza en sí mismo. Necesita una tarjeta de referencia cognitiva que le ayude a controlar más la charla negativa para que no se rinda. Una tarjeta de referencia actúa como un recordatorio rápido y contiene información de uso frecuente, como recordatorios y avisos.

A veces, cuando usted está angustiado, necesita una respuesta rápida para eliminar esa angustia en cualquier momento. Necesita una forma de desafiar a ese crítico interno en cualquier momento, sin importar dónde se encuentre. Necesita una manera de hacer que ese desafío sea más fácil, en lugar de pasar mucho tiempo discutiendo consigo mismo. Esto le ayudará a evitar el ir y venir que puede hacerle parecer una persona loca.

Hay esos pensamientos negativos a los que usted está acostumbrado, y los escucha con tanta frecuencia. Ahí es donde una tarjeta de referencia cognitiva viene en su ayuda. Debe tener un conjunto de respuestas inmediatas a tales pensamientos para poder contrarrestarlos con positividad inmediatamente. Escriba tales respuestas en su tarjeta de referencia cognitiva para que no tenga ninguna dificultad en recordarlas.

A veces está cansado de discutir consigo mismo. En esos momentos, puede notar que su mente se dirige en la dirección equivocada. Ese es el mejor momento para que su tarjeta de referencia cognitiva venga en su ayuda. Úsela para contrarrestar los pensamientos negativos obvios y mantener sus interpretaciones racionales.

En el calor del momento, una tarjeta de notas de tres por cinco le ayuda a seguir mejorando. Le ayuda a pensar de manera diferente durante los momentos menos tranquilos. Por lo tanto, durante los momentos tranquilos y menos tranquilos, escriba en su tarjeta de referencia cognitiva las cosas que cree que le gustaría escuchar durante los momentos de tormenta cuando está cansado y tiene menos tiempo para discutir.

Por ejemplo, cuando enfrenta un fracaso, puede tener una señal cognitiva en su tarjeta, que dice: "Solo porque no he logrado mi objetivo, no significa que soy un perdedor. Al aprender de mis errores, yo puede alcanzar la grandeza ". Lleve su tarjeta consigo y úsela para aprender a ser compasivo. No va a ser fácil, pero si practica repetidamente para decirse a si mismo cosas sensatas y racionales durante los momentos difíciles, finalmente dominará este ritual estoico.

Programar su mente con rituales de estoicismo llevará tiempo. A veces se equivocará, pero considere que eso es normal. Continúe reprogramandose dando pequeños pasos de práctica todos los días hasta que se de cuenta de su bienestar. No sea perfeccionista, ya que nadie se siente 100% seguro, pero concéntrece en el progreso a medida que continúa mejorando. Tiene derecho a tener confianza.

Capítulo 15: Filosofía Estoica y Sabiduría Antigua en el Mundo Moderno

La filosofía estoica es una escuela de pensamiento diferente de otras escuelas porque enseña sabiduría práctica. Su filosofía está anclada en las acciones. La creencia de los estoicos es que la aplicación es el fin, mientras que el debate y el pensamiento son solo un medio para ese fin. La enseñanza estoica del autocontrol, la virtud y la tolerancia ha sido una gran fuente de inspiración tanto para los pensadores como para los líderes durante muchos siglos. Creen en cuatro virtudes cardinales que conducen a la felicidad y la realización en la vida. Estos son coraje, sabiduría, temperamento y justicia. Ahora la cuestión es que debemos practicar estas virtudes en nuestro mundo moderno para vivir con confianza, satisfacción y felicidad.

Esforzarse por Mejorar

Los estoicos creen que el cambio es constante. Muchos cambios están sucediendo en el mundo hoy, más que en cualquier otro momento de la historia. Las soluciones de ayer pueden no funcionar para los problemas de hoy. Pero estos principios estoicos son eternos. Trabajan todo el tiempo. Pueden ayudarnos a aprender a cambiar con los tiempos y seguir aprendiendo cosas nuevas a medida que el mundo cambia. El nuevo conocimiento nos ayudará a ver oportunidades en lugar de quejarnos de los desafíos.

Enfretar el Mundo Tal Como Es

Para enfrentar la vida con confianza, debemos aprender a conocer el mundo tal como es. Los estoicos creen que deberíamos aprender a apreciar el mundo tal como es, en lugar de debatir durante años sobre cómo debería ser. No hay nada malo en tratar de pensar fuera de la caja y traer cambios, pero eso solo puede hacerse después de que primero hayamos apreciado nuestro mundo y aceptado nuestro lugar en él.

No se Preocupe Por lo que Está Fuera de Su Control

Usted está en el aeropuerto. La administración anuncia que el próximo vuelo ha sido cancelado porque el clima no es propicio. Empieza a gritarle a cada trabajador de una aerolínea que encuentre. ¿Qué bien le hará eso? Usted solo se desgastará con un estrés innecesario. ¿Quién es responsable de eso? Usted no tiene control sobre el clima. Los estoicos nos enseñan a preocuparnos solo por lo que está bajo nuestro control y dirigir todos nuestros recursos hacia él. Preocuparse por lo que no podemos controlar no resuelve nada. Esto es importante si queremos vivir felices en nuestro mundo moderno.

Lleve un Diario

En nuestro mundo moderno, necesitamos la autorreflexión más que nunca. Deberíamos aprender a documentar nuestras vidas para poder monitorear nuestros logros al registrar nuestras ideas, planes y objetivos. Tomar tiempo para reflexionar sobre nuestro progreso, logros, éxitos y fracasos nos ayudará a tener mejores ideas sobre cómo vivir felices en nuestro mundo moderno, que está cambiando muy rápidamente. Los estoicos lo sabían, y es por eso que nos aconsejan reflexionar sobre nuestras actividades diarias cada vez antes de ir a dormir.

Capítulo 16: Las Cuatro Virtudes Cardinales

Las virtudes cardinales son las cualidades morales esenciales que una persona necesita para llevar una vida recta. Una persona con virtudes cardinales actúa correctamente en todos los aspectos de su vida porque tiene un alto autocontrol. Las virtudes también están en línea con la escritura.

Sabiduría

También se llama virtud de la prudencia. Se dice que es la madre o la fuente de todas las otras virtudes que siguen. Esta es la primera virtud porque, como su nombre lo indica, se trata de la comprensión y la inteligencia humana. Esta virtud implica que una persona entienda las cosas correctas que hacer y realmente las haga. Mediante el uso de esta virtud, todos los seres humanos tienen la capacidad de decir qué es lo que hay que hacer y qué no hacer. Cuando alguien elige lo incorrecto sobre lo correcto, simplemente ignora la virtud de la sabiduría. Sin embargo, esto no significa una condena para las personas que hacen algo malo, ya que a veces los errores son genuinos. Por lo tanto, requiere buscar las opiniones y consejos de otros antes de tomar decisiones sobre cosas de las que no está seguro. Algunas personas son muy buenas para decirles lo correcto de lo incorrecto, y esas son las personas que deberían ser ordenadas para recibir ayuda. Cuando usted ignora su prudencia y a los demás, es simplemente imprudente. No se pueden practicar las otras virtudes cuando carecen de prudencia porque no tienen sabiduría para determinar y seguir. La sabiduría le mostrará a alguien los efectos de hacer algo y las consecuencias de no seguir las cosas.

Justicia

Esta es la segunda virtud cardinal, y viene en segundo lugar porque se trata de la fuerza de voluntad de una persona. La fuerza de voluntad para hacer lo que es correcto para nosotros y también para los demás. Para darle a otra persona lo que es legítimamente suyo, necesitamos tener la fuerza de voluntad para hacerlo. De lo contrario, uno puede ser consciente de cómo hacer lo correcto, pero no lo hace porque carecen de la fuerza de voluntad para ejercer la justicia. Al hacer lo correcto a los demás o ejercer justicia sobre los demás, nada debe detenernos. No importa cuánto nos disguste la persona o cuánto esté por debajo de nuestra clase, lo que es legítimamente suyo se les debe otorgar. Si alguien se convirtió en su enemigo después de darle dinero, como persona que ejerce la justicia, debes devolverle el dinero. Esto se debe a que la enemistad no tiene nada que ver con la justicia que eres, según ellos. La justicia está dando positivamente a alguien lo que se merece, sin importar cuán indefensa sea la otra persona. Cuando a alguien se le niega la justicia, se le llama injusticia. Se le ha negado a la persona lo que se merece, incluso cuando tiene el derecho legal de hacerlo. Incluso cuando alguien no está obligado por la ley a hacer lo correcto, el consciente le dirá a alguien lo que es correcto. Por esta razón, incluso aquellos que se sienten por encima de la ley deben practicar la justicia. Esto se debe a que los instintos naturales de la justicia están dentro de cada uno de nosotros.

Coraje

Esto también se conoce como fortaleza y es la tercera virtud cardinal. Esta virtud trata con el coraje de conquistar cualquier tipo de miedo y ser firmes en nuestra fuerza de voluntad. Cuando nos deshacemos del miedo, podemos enfrentar cualquier dificultad en la vida. Sin embargo, tener coraje no significa que una persona deba buscar problemas para demostrar que es valiente. Simplemente significa que cuando el peligro viene después de nosotros, tenemos la fuerza de voluntad para enfrentarlo en lugar de escapar. Por lo tanto, las virtudes de la sabiduría y la justicia nos dan la capacidad de decir lo correcto y lo incorrecto y cómo ejercerlas. El coraje nos da la fuerza y la fuerza de voluntad para implementar las otras dos virtudes. Sin coraje, uno tiene sabiduría y sabe lo que es correcto hacer, pero carece de las agallas para actualizarlo. Este es un don del Espíritu Santo como creen los cristianos. No todos están dotados de coraje. El coraje hará que un hombre poderoso respete a un hombre muy común porque tienen el coraje que los ayuda a darse cuenta de que no los debilitará haciendo lo correcto.

Templanza

También se llama autocontrol o virtud de moderación. Fortalece la virtud coraje. Esto se debe a que el coraje ayuda a hacer cualquier cosa sin miedo. Sin embargo, sin autocontrol, uno puede terminar haciendo las cosas equivocadas pensando como un alarde de coraje. Ayuda a una persona a dejar de lado sus propios deseos personales cuando hay una razón mayor para ayudar a otros. Si una persona no tiene templanza, no se preocupa por los demás, solo hará lo que sea correcto para ella, y generalmente es egoísta. La templanza nos da la capacidad de equilibrar las cosas. Sí, nuestras necesidades son esenciales, pero si tener estas necesidades será perjudicial para los demás, la templanza nos frena. También es a través de la templanza que podemos negarnos a nosotros mismos de "demasiado" en las cosas porque demasiado puede ser dañino. La templanza establece los límites para nosotros; sin esta virtud, no hay límites en las cosas que hacemos. Ayuda a una persona a decir detenerse cuando ha tenido suficiente de algo, y es hora de detenerse. Por ejemplo, la comida es buena y un medio esencial para nuestra supervivencia, pero cuando comemos en exceso (atracones), se vuelve dañina. Si alguien tuviera algo que quisiera sin autocontrol, habría mucha destrucción. Habría mucha inmoralidad en la sociedad si las personas ignoraran la virtud de la templanza. También significa que las personas pueden usar drogas; sin embargo, quieren porque no se controlan a sí mismos. Sin autocontrol, la gente robaría y mataría a su antojo. Por lo tanto, es muy importante que no importa cuán poderosa sea una persona, ellos practican la templanza.

Sin embargo, las cuatro no son las únicas virtudes, sino que todas las demás que vienen después están de alguna manera conectadas con las cuatro. Sin embargo, sin siquiera agregar otras virtudes, la práctica de estas ayuda a las personas a coexistir con respeto y paz. Es esencial que todos hayan aprendido a practicar estas virtudes porque, a partir de esto, todas las demás serán fáciles de seguir.

Capítulo 17: Incorporación de la Filosofía Estoica en la Vida Cotidiana

El estoicismo es la capacidad de soltar cosas y situaciones que no están bajo nuestro control. La mayoría de las veces, queremos que las cosas salgan como las planeamos, y cuando no lo hacen, nos sentimos frustrados. El estoicismo nos ayuda a soltar esta carga de soltar cosas que no podemos controlar. El estoicismo da esperanza en nuestros momentos más desesperados, justo antes de hundirnos en la depresión por preocuparnos por cosas más allá de nosotros. Como seres humanos, siempre estamos tratando de hacer las cosas a nuestra manera, y esto nos da ansiedad por pensar demasiado. El mejor remedio para combatir esto es practicar el estoicismo sin importar cuán difícil y deprimente sea la situación. Ignorar el estoicismo solo causará dolor a alguien porque, al final, si está más allá de usted, no hay nada que pueda hacer al respecto.

Cómo Practicar el Estoicismo

Lo más importante es darse cuenta de las cosas y situaciones que puede controlar y saber lo que no es. Cuando sabe lo que está más allá de usted, le ayuda a no desperdiciar demasiada energía en algo más allá de sí mismo. Saber que algo está más allá lo prepara para cualquier resultado y, por lo tanto, le permite evitar el estrés innecesario. Usted ayuda a su mente a darse cuenta de que el resultado puede no ser favorable y, por lo tanto, puede lidiar con cualquier problema. Cuando no establece lo que está más allá de usted, su mente sufre mucho estrés porque siente que uno es simplemente débil. Cada persona necesita saber que todos tienen algo más allá de ellos, no importa cuán fuertes, poderosos o ricos sean. Cambiar nuestras perspectivas sobre cosas que no podemos controlar nos protege de los daños que resultarían de la preocupación constante.

Deberíamos aprender a trabajar para mejorarnos a nosotros mismos. Saber cuáles son nuestros límites es bueno, pero no significa que nos relajemos o perdamos la esperanza. Algunas cosas nos superan, pero siempre hay algo que podemos mejorar en lo que no podemos controlar. Aprender a crecer en diferentes áreas es un principio estoico porque nos anima a seguir practicando en lugar de rendirnos. Sin embargo, la mejora no significa perfeccionar. No podemos perfeccionar algo más allá de nosotros, pero podemos mejorar eso si no nos rendimos, sino que seguimos practicando.

Un ejemplo de esto se daría en un aula configurada. Un estudiante puede ser muy pobre en matemáticas y ha hecho lo mejor que puede, incluyendo clases privadas para el mismo. El estoicismo dicta, en lugar de centrarse en él y estar deprimido porque puede conducir al fracaso en las otras materias, el estudiante debe trabajar en la mejora. Esto no significa que trabajen para ser los mejores en la clase de matemáticas, solo que no deberían dejar de intentarlo, especialmente en una clase obligatoria. La práctica puede llevarlos de un porcentaje pobre a uno mejor que cuenta mucho.

También debemos esforzarnos por vivir nuestras vidas exactamente de la manera en que la vida nos sucede. Esto significa encontrar algo por lo que estar agradecido en cada situación. A veces la vida será injusta, pero en lugar de estresarnos por esto, deberíamos aprovechar cada oportunidad para aprender de ella. Aceptar que no siempre podemos obtener lo que queremos nos da paz interior. El estoicismo también significa que aceptamos personas en nuestras vidas y tratamos de coexistir. Usted no puede cambiar a las personas; todos tenemos diferentes sentimientos, pensamientos e ideas. Deberíamos poder aceptarnos exactamente como son. Intentar cambiar a las personas solo le hará daño como persona. Una persona solo puede ser cambiada por sí misma. Sin embargo, si cambiamos nuestras actitudes hacia la forma en que reaccionamos hacia las personas, no estamos de acuerdo, esto es estoicismo.

Tomar medidas en lugar de rendirse es una práctica de estoicismo. El estoicismo significa que usted deja ir las cosas más allá de sí mismo, pero no significa que se siente y se relaje. No significa que deje de correr riesgos y comience a sentir pena por usted mismo. Las cosas no solo caen en su lugar; trabajamos duro para que las cosas sucedan. No puede controlar la situación, pero puede administrar sus acciones utilizando diferentes estrategias. Tal vez las cosas no están funcionando porque siempre las hace de la misma manera una y otra vez. Cambie la estrategia; es posible que no obtenga el resultado exacto que esperaba, pero obtendrá un resultado, bueno o malo. Es un resultado que debería ser una lección para usted. Aceptar que no tiene control no es suficiente, tiene que ir y tratar de hacer las cosas pero de acuerdo con los valores morales. No quiere tratar de competir con algo más allá de usted y terminar en problemas. Esto significa que todo lo que esté buscando está en línea con los valores cardinales para que esté protegido.

Practicar el estoicismo también significa que discernimos lo correcto y lo incorrecto y nos aseguramos de hacer lo correcto. Esto significa practicar las cuatro virtudes cardinales, que son la prudencia, la justicia, el coraje y la templanza. Cuando usted practica hacer lo correcto, significa que puede dar valor a todo lo que le rodea. La gente quiere ser rica; nadie quiere ser pobre. El estoicismo viene en el hecho de que se vive correctamente. No tiene que robar a la gente para que se haga rico. Una persona estoica trabajará duro y dejará que las riquezas les lleguen naturalmente. Sin embargo, alguien que no practica el estoicismo tomará la acción de robar, corrupción y todas las malas virtudes para adquirir riqueza. La forma en que reacciona ante una situación determinada determina el grado de estoicismo que practica. Una persona estoica siempre trata de seguir las virtudes y dejar que las cosas fluyan como deberían, pero la persona opuesta toma el poder en sus manos y trate de controlar todo.

Tome medidas de prevención para cualquier cosa que pueda salir mal. No puede controlar que su cuerpo nunca se enferme, pero hay algunas enfermedades que puede evitar. Tome vacunas preventivas para esas enfermedades. Esto se llama prevención de desgracias. Prevenir las desgracias significa tener siempre la mente preparada para cualquier desastre que pueda ocurrirle. Estar preparado ayuda a una persona a controlar sus emociones en eventos que no pueden controlar. Significa que está preparado para rendirse a los eventos pero que tiene el control de la felicidad. Estar preparado para las desgracias significa que los malos resultados no determinarán su alegría porque ya ha aceptado las consecuencias de antemano. Cuando usted está mentalmente preparado para que algo pueda suceder, entonces hace planes para un plan B o incluso un plan C. Esto significa que no ha puesto todos sus huevos en una canasta porque sabe que todos podrían romperse. Estar preparado para la desgracia no significa que estamos anticipando que sucedan cosas malas. Solo significa que estamos ignorando la probabilidad de que las cosas salgan mal. La razón por la cual las personas están tan abrumadas por las circunstancias de la vida es porque están atrapadas por sorpresa. No tener el control de las circunstancias no significa que no podamos protegernos de ningún daño que pueda ocurrirnos.

El estoicismo también alienta a que mantenga un registro de todos los acontecimientos del día. Un diario es esencial porque actúa como un recordatorio de cosas que probablemente olvidaremos. Tomamos decisiones en nuestras mentes para hacer algo o cambiar algo. Sin embargo, es muy fácil olvidar las cosas solo si pensamos en ellas. Al escribir sobre cosas en las que pretendemos trabajar, nos ayuda a controlarnos a nosotros mismos. Un diario también ayuda a alguien a ver su progreso desde donde comenzaron hasta donde están ahora. Un diario le permite obtener el patrón de cómo hace las cosas. Podría pensar que algo está más allá de usted porque sigue fallando. Luego, al usar el diario, se da cuenta de que ha estado usando la misma estrategia todo el tiempo. Por lo tanto, un diario lo ayudará a anotar los lugares en los que puede trabajar cambiar. Puede cambiar sus planes muy rápido incluso antes de los resultados finales debido a un patrón y una alerta a tiempo. Cuando estamos en el camino para mejorar algo, el diario nos da una rutina. Cuando haya

establecido en qué practicar, debe seguir trabajando en ello. Una rutina lo ayudará a no cambiar sus planes en el camino antes de que haya alcanzado su objetivo previsto. No podemos confiar plenamente en nosotros mismos para recordar todo; cada vez que aprendemos algo nuevo, siempre terminamos olvidando las cosas viejas. Sin embargo, si se grabó algo, será inolvidable porque aún puede leerlo. Un diario también nos ayuda a apreciarnos mejor. En lugar de ser demasiado duros con nosotros mismos, podemos mirar los diarios y ver las cosas que logramos. Algunas cosas que logramos fueron una vez demasiado difíciles para nosotros, pero si las cumplimos, entonces se nos recuerda que podemos lograr cualquier cosa. Por lo tanto, escribir un diario alienta a alguien a correr riesgos que nunca habrían considerado. Pero lo más importante, el diario nos ayuda a conocernos mejor. No solo nos ayuda a darnos cuenta de dónde fallamos, nos ayuda a comprender las estrategias que funcionan para nosotros, y también nos ayuda a ver los muchos obstáculos que hemos
superado.

Capítulo 18: Creciendo Estoico (Educación Filosófica para el Carácter, la Persistencia y el Valor)

Se alienta a los padres y tutores a enseñar a los niños sobre filosofía en el hogar. Esto significa enseñar a los niños cómo manejar los obstáculos que puedan enfrentar en la vida, lo antes posible. Para que los padres hagan esto, deben ser conscientes de las virtudes reales que se espera que transmitan a sus hijos. El estoicismo dice que las virtudes son innatas; nacemos con la capacidad de distinguir lo correcto de lo incorrecto. Sin embargo, corresponde a los padres y tutores asegurarse de que los niños hagan lo correcto. Nuestra felicidad y satisfacción personal se obtienen cuando hacemos las cosas correctas en la vida y somos de buen carácter. Cuando se hace que los niños practiquen las virtudes, eventualmente se vuelven buenos y pueden controlarse a sí mismos cometiendo errores aleatorios y malas decisiones en la vida.

Sin embargo, no es suficiente que los padres enseñen a sus hijos y sean estrictos con ellos para hacer lo correcto. Los padres y tutores también deben practicar lo que predican. Esto significa que tienen que ser un ejemplo perfecto de lo que enseñan. Cuando se le dice a un niño que haga algo, es más probable que lo haga si observa a sus padres hacerlo. Esto no es presionar a los padres para que sean perfectos; simplemente significa ser real con su hijo. Hágale saber a su hijo que a veces también se equivoca, pero siempre se esfuerza por tener la razón. Permítales aprender a superar los diversos errores que cometen en la vida siendo un ejemplo. Enseñar al niño puede derivarse de las siguientes virtudes.

Justicia

Esto significa enseñarle a su hijo a ser justo y justo en todos sus actos. Por lo tanto, se debe enseñar a un niño a ser amable con los demás. Cuando son amables, sentirán por los demás cuando otros sientan dolor y necesiten ayuda. Cuando un niño es justo, significa que puede dejar a un lado sus intereses para ayudar a otros. Los niños a quienes no se les enseña esto son muy egoístas y no les importa el dolor que implican en otros niños. Un niño que solo está tratando de proteger a otros que no reciben un trato justo y que hacen todo lo posible para ser justos con los demás. El niño incluso está dispuesto a hacer todo lo posible para hacer felices a los demás ayudando cuando sea necesario. Solo un niño al que se le ha enseñado justicia puede hacer todo esto.

Él Continúa Diciendo

En esto, se alienta a los padres a crear formas de hacer que el niño sea más caritativo y capaz de decir no a las cosas. Algunos niños generalmente obtienen todo lo que tienen y no se dan cuenta de que otros niños necesitados ni siquiera tienen lo básico. Enséñele a su hijo que esa cosa por la que llora no es tan importante como cree, y que puede prescindir de ella. Enseñe a su hijo a renunciar a los lujos y ayudar a los niños más desfavorecidos. Esto solo puede fomentarse exponiendo a los niños a situaciones que nunca han experimentado. Déjelos ir y ver a los niños sin hogar y ver cómo sobreviven. Lo más probable es que el niño no se de ningún lujo la próxima vez y pida que el dinero se use para ayudar a los niños sin hogar que vieron. En resumen, esto significa dejar que un niño tenga voz en los gestos amables porque ya saben que hay más personas que lo merecen. Se debe alentar al niño a que ayude más que a pedir cosas que tal vez no necesite.

Determinación

La virtud alienta a los padres a ayudar a sus hijos a obtener determinación, lo que básicamente es darle al niño el valor para hacer las cosas. Esto se puede lograr permitiendo que los niños ayuden en las tareas domésticas cuando aún son pequeños. Al ayudar, los niños adquieren habilidades para la vida como coraje, determinación y confianza para hacer varias cosas. Cuando están ayudando, aprenden sobre el trabajo duro y por qué la determinación es esencial para seguir presionando. Obtienen el cumplimiento una vez que terminan de ayudar, que es el resultado de la determinación.

Moderación

Esta virtud implica enseñar a los niños a ser moderados al hacer las cosas. Controlando sus emociones, controlando su alimentación y manejando todo literalmente antes de que se vuelva demasiado y dañino para ellos. Al igual que los adultos, los niños también han sentido que necesitan saber cómo manejarlo. Por lo tanto, es importante sentar a su hijo y hablar con ellos sobre sus berrinches. Hágales saber que está bien que se enojen, pero también es esencial que lo controlen. Enseñar a un niño a ser moderado en sus decisiones implica dejarle evaluar sus situaciones. Pregúnteles si creen que sus berrinches valieron la pena, y si creen que hay una mejor manera, habrían comunicado sus frustraciones. Esto ayudará a un niño a ver por sí mismo cómo habría sido moderado en sus emociones. Al comer, los niños no entienden por qué tienen que comer ciertos alimentos. Quieren comer solo cosas dulces. Se les debe enseñar por qué la moderación es buena para comer. Por qué es esencial para ellos comer de manera saludable y por qué es esencial no comer en exceso lo que quieran comer.

Sabiduría

Esta virtud ayuda a un niño a saber lo que está bien y lo que está mal, tener el juicio apropiado sobre las cosas y aceptar las cosas más allá de su control. Un padre puede ayudar al niño al sentarse con su hijo todos los días en la noche y analizar juntos el día del niño. Deje que el niño diga las cosas que piensa que hizo bien y las cosas que siente que hizo mal. Ayude al niño a saber qué habría hecho de manera diferente para que la próxima vez que se encuentre en una situación similar, pueda tomar mejores decisiones. Anime al niño si se siente impotente por cosas sobre las que no tenía control. Al hacer esto, está inculcando sabiduría en su hijo. Un niño podrá tomar mejores decisiones en el futuro e incluso podrá dejar las cosas más allá de su control.

Conclusión

El estoicismo es muy importante en la sociedad; se puede atribuir a que es la razón por la que el mundo es pacífico. Es debido al estoicismo que las personas pueden coexistir. El estoicismo es muy fundamental para cada persona cuando nos enfrentamos a tiempos difíciles. Durante los tiempos difíciles, el estoicismo nos da la esperanza de despertar, desempolvarnos y seguir adelante. Se nos enseña a soltar las cosas que no podemos controlar. Sin estoicismo, todos nos hundiríamos en la depresión porque todos pasamos por tiempos difíciles. Las naciones lucharían entre sí porque no hay control, y un país puede ir tras otro a su antojo. Pero debido a que tenemos estoicismo, tenemos globalización. Las naciones con diferentes personas de diferentes culturas y colores se cuidan y se ayudan mutuamente. Es por eso que las naciones enviarán alimentos de ayuda a las naciones que están pasando por la guerra o la sequía. El estoicismo es también la razón por la cual las naciones aceptarán refugiados en sus países.

Es a través del estoicismo que aprendemos que nuestros fracasos no nos definen. Por lo tanto, en lugar de preocuparnos de que hayamos fallado, probamos diferentes estrategias. A través del estoicismo, aprendemos que todos tenemos debilidades, pero que tenemos la capacidad de superar nuestras deficiencias si practicamos el estoicismo. Aprendemos a ser reales con nosotros mismos, a perdonarnos por las cosas que hicimos mal.

Nuestros líderes solo pueden entregar a las personas si practican el estoicismo. Esto significa que anteponen los intereses de las personas a los suyos. La razón por la cual hemos aumentado la corrupción, la injusticia en los tribunales y la mayor inmoralidad es porque los líderes no practican el estoicismo. Como seres humanos racionales, podemos vivir pacíficamente con nuestros vecinos a pesar de que son demasiado diferentes a nosotros. Los aceptamos con todos sus defectos y miramos más allá de ellos porque entendemos que no podemos cambiarlos. También es a través del estoicismo que podemos evitar juzgar a las personas cuando hacen cosas con las que no estamos de acuerdo. Permitirles hacer lo que quieran, siempre y cuando no nos haga daño.

Es a través del estoicismo que hay tribunales de justicia. Esto es para ayudar a las personas que sienten que están siendo tratadas injustamente a obtener la justicia que merecen. Los infractores de la ley también están encarcelados para ayudar a corregirlos porque la sociedad les desea lo mejor. Sin castigar a los delincuentes, los tribunales no son justos con las víctimas.

El estoicismo nos ayuda a apreciar la vida. Dejamos de mirar situaciones y sentimos pena por nosotros mismos cuando las cosas no están funcionando. A través del estoicismo, podemos apreciar lo poco que tenemos y la capacidad que tenemos como individuos. Estar agradecido por todo, sin importar cómo la vida nos hace amar la vida y esperar días más brillantes. Como humanos, aprendemos a tener empatía por los demás, y también obtenemos la sabiduría para ayudarnos en la vida. El estoicismo es, por lo tanto, muy importante y debe ser practicado por todas las personas de la sociedad. Solo podemos entendernos como seres humanos si todos estamos dispuestos y decididos a practicar el estoicismo.

Finalmente, si encuentra este libro útil de alguna manera, ¡siempre se agradece una crítica honesta!

www.ingramcontent.com/pod-product-compliance
Lightning Source LLC
Chambersburg PA
CBHW020036120526
44589CB00031B/168